Anne-Pia Godske Rasmussen
Foto: Hanne Stroyer

Mere liv i kludene
– sy, quilt og appliker

Tak til Lene Speich for stof til bogens modeller.

Mere liv i kludene – sy, quilt og appliker
Tekst: © Anne-Pia Godske Rasmussen
Illustration: © Anne-Pia Godske Rasmussen
Foto: © Hanne Stroyer
Forlagsredaktion: Claus Dalby
Layout: Marianne Schultz
Repro & tryk: Abildgaard Grafisk A/S, Aalborg
© 2000 Forlaget Klematis A/S
www.klematis.dk
1. oplag

ISBN 87-7905-461-7

Alle rettigheder forbeholdes. Ingen del af denne bog må gengives, lagres i et søgesystem eller transmitteres i nogen form eller med nogen midler: grafisk, elektronisk, mekanisk, fotografisk, indspillet på plade eller bånd, overført til databaser eller på anden måde uden forlagets skriftlige tilladelse. Enhver kopiering fra denne bog må kun finde sted i overensstemmelse med overenskomst mellem Undervisningsministeriet og Copy-Dan. Det er tilladt at citere med kildeangivelse i anmeldelser.

Indhold

Forord 5
Materialer og redskaber 6
Teknikker og praktiske oplysninger ... 8
Skabeloner 8
Klippemål 8
Syteknikker 8
Ansigter og hår 10
Applikation 11
Bamser, kaniner og balletpiger 12
Kjole og bukser
til bamser og kaniner 16
Kjole til balletpige 16
Fuglehuse og fugle 19
Fuglehus 19
Fugle 20
Gren med knager 20
Solsikker 23
Blomst 23
Blomsterstilk med elefanttråd 24
Blade 24
Låg med solsikker 26
Gåse- og dukkeposer 27
Gåsepose 27
Dukkepose 28
Pose til gås og dukke 32

Lavendelposer 39
Lavendelbuket 40
Bøjle med stofbetræk 42
Høns og kyllinger 43
Næb, kam og halefjer 43
Dækkeserviet 44
Duftbrikker 47
Grydelap 48
Tehætte og æggevarmer 48
Hjerter og stjerner 56
Hjerter og ensfarvede stjerner 56
Tofarvede stjerner 56
Chokoladekage 56
Glansbilledengel 61
Uroer 62
Lille uro med hjerter eller stjerner 62
Stor uro med glansbilledengle, hjerter
eller stjerner 64
Ophæng med glansbilledengel og hjerte
eller stjerne 66
Ophængningsøjer 66
Metode I 66
Metode II 66
Engel i hel figur 68
Engleguirlande 68

Snemænd 71
Luffer eller sokker 71
Ørevarmere 72
Træ 72
Ramme med knager 72
Juleluffer 75
Pynt på juleluffer 76
Juletræer 79
Grantræer i tre størrelser 79
Pindetræer 79
Lysholdere 80
Stjerneholder 80
Julepynt i papir 82
Juletræsfod 84
Nisser 86
Hue 88
Seler 89
Smæk 89
Kjole 90
Bukser 92
Ramme med juletræ til nisser 94
Adresser 96

Forord

Da jeg for et par år siden skrev min første bog »Liv i kludene«, havde jeg ikke forestillet mig, at den ville sætte så meget i gang, som den har gjort for mig på det personlige plan, og tilmed blive trykt i flere oplag. Derfor var jeg også lidt betænkelig, da jeg blev opfordret til at skrive en ny bog i samme stil. Men jeg tog udfordringen op, og den har nu resulteret i de modeller, der kan ses på bogens billeder. Her er en række nye ting, men jeg har alligevel forsøgt at føre tråden fra sidst videre.

De fleste af bogens modeller kan sys af mindre stykker stof, så måske er det tid til igen at få restekurven vendt ud og se, hvad den byder på. Stoffer, der ikke matcher eller har det tilstrækkelige patinerede udtryk, kan tones i tevand som forklaret side 6, eller der kan bruges lys stoffarve. Endelig kan adresselisten bagest i bogen vise vej til nærmeste stofbutik.

»Mere liv i kludene«, som bogen kom til at hedde, giver også forslag til nogle rustikke rammer og spartanske juletræer, som nok kræver en tur i skoven eller en let beskæring i haven, og senere bliver der mulighed for en hyggestund med nybagt kage.

Alle bogens billeder er taget i den herlige butik Skavank, der har adresse i Studsgade 40, 8000 Århus, tlf. 8612 4802. Her er stort set alt til salg – sådan kunne jeg godt tænke mig at bo i mit næste liv!

Jeg håber, at bogen vil byde på mange hyggelige og inspirerende oplevelser.

Anne-Pia, September 2000

NB. Ud for mange af bogens overskrifter ses et tal i et kvadrat. Dette tal fortæller, hvor modellen er afbildet.

Materialer og redskaber

I dette afsnit forklares kort om de til bogen mest anvendte materialer og redskaber.

Saks og skærehjul
En god stofsaks er helt nødvendig, når der skal klippes, men et skærehjul med underlag og lineal er praktisk de steder, hvor stoffet f.eks. skal bruges i strimler. Alle steder er der dog for nemhedens skyld skrevet »klip«.

Skæresættet kan købes i sytilbehørs- og hobbyforretninger.

Blyant
Til optegning på lyse stoffer bruges altid en blød blyant 1B-3B, og til mørke stoffer vælges en lys stofblyant.

Nål og tråd
Til syning på maskine bruges en almindelig nål nr. 70 eller 80 og stinglængde 2,5-3. Der sys gerne med en god syntetisk tråd, som skal matche stoffarven. Til syning i hånden bruges nål nr. 9 eller 10 og bomuldstråd, da den slår færrest løkker.

Pyntesting (se side 9) kan sys med én-tre tråde amagergarn eller andre typer broderegarn – gerne i farver, der giver kontrast til stoffet.

Dukkenålen, der omtales på side 62, er en ekstra lang nål på 7-12 cm.

Stof
Bogens modeller kan sys i alle vævede bomulds- og silkestoffer – grove som fine – men til de mindste modeller anbefales det at bruge tynde og bløde stoffer.

Hvis stoffets bundfarve eller en del af mønsteret er for lyst, kan stoffet tones i tevand. Opskriften nedenfor passer til fire-fem stykker stof på ca. 20 x 20 cm.

Hæld to-tre liter kogende vand over seks-syv teposer og 3-4 spsk salt. Lad tevandet trække i fem-ti minutter og tag teposerne op. Fugt stoffet, læg det helt ned i tevandet og lad det trække i ca. et døgn – stoffet skal bevæges af og til. Skyl stoffet, til vandet bliver klart, og tilsæt eddike i sidste hold skyllevand.

Fyld, volumenvlies, quiltevat og vlieseline
Syntetisk fiberfyld eller evt. pladevat plukket i totter bruges til at stoppe modellerne med.

Ved nogle modeller foreslås det at stryge volumenvlies på stoffets vrangside, inden der sys, men det kan alle steder erstattes af den aller tyndeste quiltevat eller evt. tynd bomuldspladevat, der vaskes inden brug.

Volumenvlies har til forskel fra quiltevat en limside med limprikker, der hæfter sig til stoffet ved varmen fra et strygejern. Vlieseline uden limside bruges til nem applikation, se side 11.

Knapper
Flere steder pyntes eller samles modellerne med knapper – nye som gamle – eller evt. med hjemmelavede træknapper, se næste side. Knapperne skal sys ekstra godt fast, hvis små børn kan få fat i modellen.

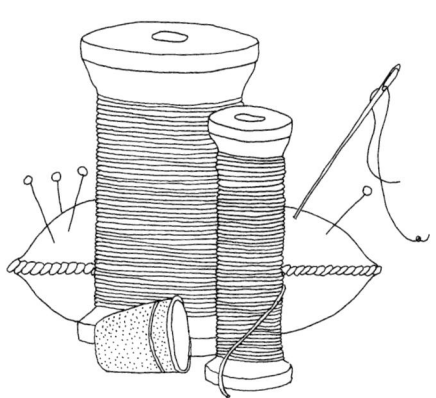
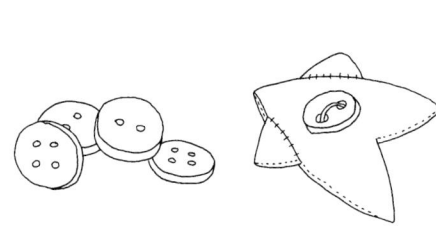
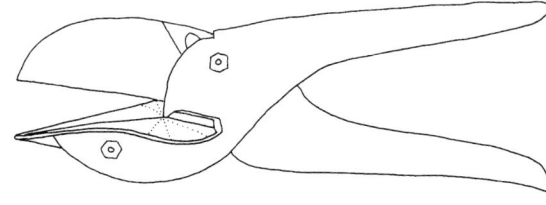

Vendepind
Til at vende de vrangsyede modeller med kan bruges en spise- eller blomsterpind.

Urtepotter
Fuglehuse, fugle og solsikker (se f.eks. billedet side 25) kan plantes i urtepotter, der fyldes ca. trefjerdedele op med oasis, inden det dækkes med mos.

Bogens juletræer kan også plantes i urtepotte eller en krukke. For at få træet til at stå sikkert, bruges en god klump ler, eller stammen støbes fast i gips. Ved støbning kan krukken skånes ved at støbe i en udtjent plasticurtepotte – husk at dække bundhullerne med tape.

Ridsenål
Denne nål bruges til at ridse skarpe foldelinier ud for vendeåbninger; omkring et motiv, der skal applikeres; og ved smalle ombuk på f.eks. nissetøj. Ridsenålen samles af en kraftig ca. 8 cm lang stoppenål med tre-fire fine perler limet fast som håndtag.

Træ
I bogen gives der forslag til forskellige ting af træ. Træ til f.eks. juletræsfoden på side 84 er købt i et byggemarked, mens træet til de forskellige ophæng er naturpinde, der kan findes på en skovtur eller i haven.

Brædder og de tykkeste grene saves med en fintandet sav, og pinde og grene på højst 15 mm tykkelse klippes med en have- eller listesaks. Forskellige størrelser huller bores nemmest med elektrisk boremaskine monteret med et passende bor.

De små træknapper, der ses rundt omkring på bogens billeder (se f.eks. snemændene på side 73), klippes med en listesaks som 2-4 mm tynde skiver af 8-15 mm tykke naturgrene. Der bores to eller fire huller i hver skive med et 1,5-2 mm bor.

Bly
Bly, der også bruges flere steder i bogen, kan købes hos blikkenslageren (måske har han en brugt rest, du kan få) eller i byggemarkeder som inddækningsbly. Den anvendte bly er ca. 3 mm tyk, meget blød og kan klippes med en almindelig saks. Når figurerne er klippet ud, slibes de med ståluld eller en køkkensvamp for at fjerne rå kanter og for at give lidt struktur. Bly kan limes med kontakt- eller universallim, der for øvrigt bruges til mange af bogens modeller.

Ståltråd
Til bogens stjerne- og lysholdere (se f.eks. billedet på side 83) anbefales en 1,5 mm tyk tråd. Tråden klippes over med en almindelig bidetang, og buer, øjer og lignende bøjes ved hjælp af en rundtang.

Metal- og ståltråd
Metaltråd (0,5 mm) findes i hobbyforretninger i forskellige farver. Til bogens metaltrådsophæng (se f.eks. ophængene på billedet side 67) er tråden snoet:

Klip tråden dobbelt så lang som ønsket plus 20 cm ekstra. Læg tråden dobbelt, gør den ene ende fast i et fast holdepunkt, sno de løse ender fast omkring en pind (se tegningen nedenfor) og drej med højre hånds pegefinger, indtil snoningerne ligger tæt og regelmæssige.

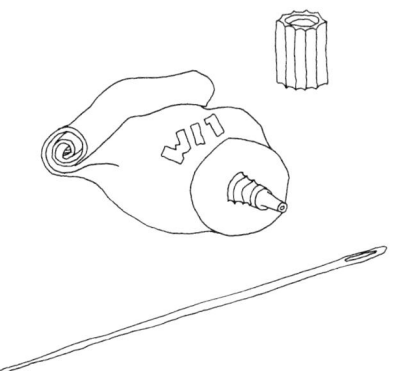
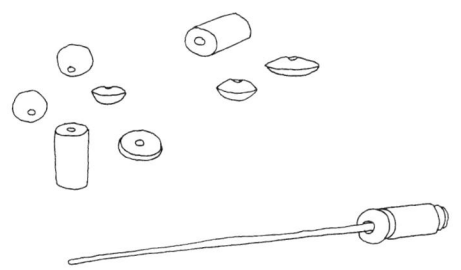
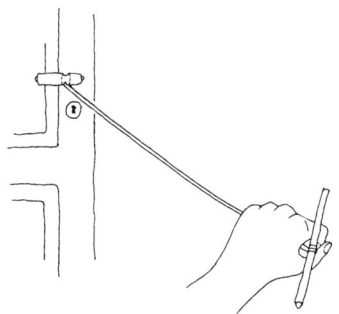

Teknikker og praktiske oplysninger

Skabeloner
Når mønstrene skal overføres til stof, er det nemmest at have skabeloner at tegne omkring. De kan enten tegnes direkte på skabelonplast eller fotokopieres og limes på tyndt pap (f.eks. bagsiden fra en skriveblok), inden de klippes ud.

Klippemål
Alle steder, hvor der opgives mål, er der, medmindre andet er angivet, inkluderet et sømrum på 7-8 mm svarende til en trykfods bredde. Trykfodens kant følger stofkanten, og nålen indstilles i midterste position, se tegning 1.

Syteknikker

Vrangsyning
Denne teknik bruges til langt de fleste af bogens syede modeller og går kort sagt ud på, at der sys, før der klippes:

Stryg stoffet, fold det ret mod ret, tegn efter skabelonerne med blyant og marker en vendeåbning som vist på tegning 2. Sy i den tegnede linie på begge sider af vendeåbningen, se tegning 3. Klip figuren ud med 3 mm smalle sømrum, dog 5-8 mm ud for vendeåbningen. Klip små hak i indadgående buer og evt. små trekantede hak i udadgående og klip spidser til som vist på tegning 4.

Rids, evt. med en ridsenål (se forrige side), i den tegnede streg ud for vendeåbningen og fingerpres sømrummet, se tegning 5. Vend retsiden ud ved hjælp af en vendepind, se forrige side. Stop figuren med fiberfyld – blødt eller fast som forklaret ved hver model, se tegning 6. Sy vendeåbningen til med sømmesting, se næste side. Pres evt. figuren let med en fugtig presseklud.

Sømmesting
Disse sting bruges bl.a. til sammensyning af vendeåbninger. Der sys fra højre mod venstre, se tegning 1.

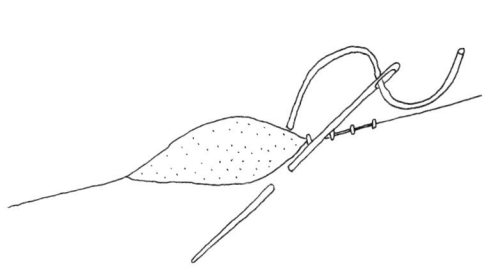

1.

Applikationssting
Stingene minder om sømmesting og sys »imod uret«, se tegning 2.

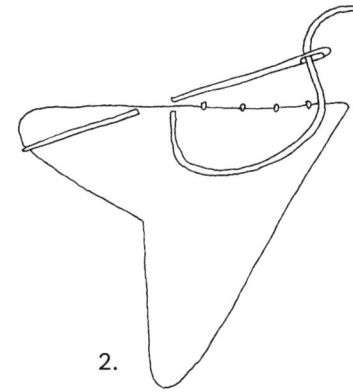

2.

Forsting eller quiltesting
Er regelmæssige sting, hvor hvert andet sting er synligt på forsiden og hvert andet på bagsiden. Der sys fra højre mod venstre, og der kan tages flere sting på nålen ad gangen, se tegning 3.

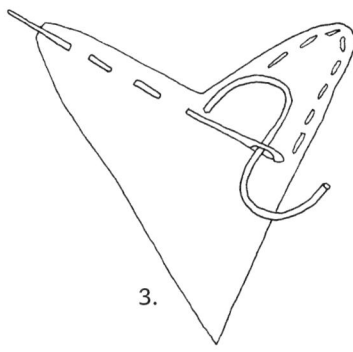

3.

Bagsting og fladsting
Her kombineres bagstingene med fladsyning. Bruges f.eks. til munde og til store øjne som vist på tegning 4.

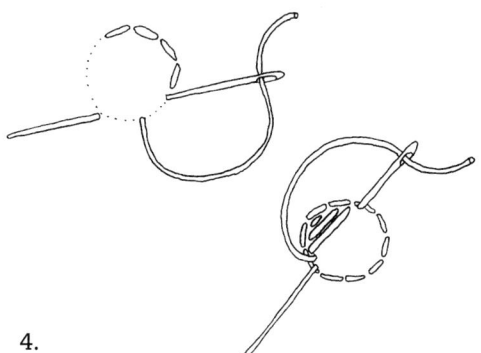

4.

Franske knuder
Bruges til øjne, hår og »knapper«. Tråden drejes omkring nålen, og den stikkes ned lige ved opstikstedet, der strammes let i tråden og stikkes hen til næste opstik, se tegning 5. Jo flere tråde og jo flere gange tråden drejes om nålen, des større knuder.

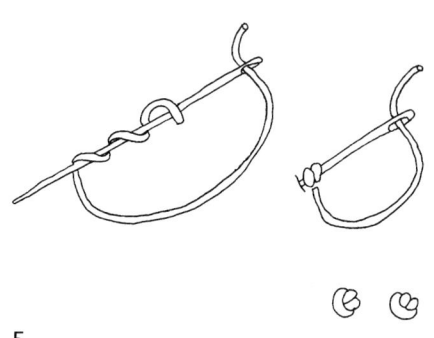

5.

Knaphulssting
Bruges som pyntesting eller til at applikere motiver på med. Der sys fra venstre mod højre, og der hæftes, så tråden til første sting kommer ud i kanten – stik nålen ind bagfra (se tegning 6) og igennem løkken. Træk til uden at stramme.

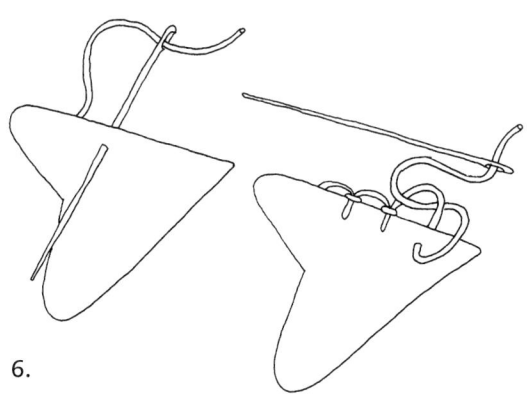

6.

Ansigter og hår

Ansigtsudtrykkene gøres livfulde ved at placere øjne, mund og kinder lidt forskudt for ansigtets midterlinie.

Ansigter kan tegnes på stoffet med en tynd vandfast pen som nævnt ved de helt små figurer – bamserne, kaninerne og balletpigerne. Røde kinder males med farveblyant, og fregner prikkes med vandfast pen.

På gåseposerne (se f.eks. billedet side 33) sys knapper på som øjne.

Øjne og mund kan sys med kombinerede flad- og bagsting, se forrige side. Ellers sys øjne med franske knuder som forklaret på forrige side – brug to tråde amagergarn og drej to-tre gange omkring nålen. En enkel mund sys med et-to små bagsting.

Håret er også med til at give ansigtet karakter, og her ligger der store variationsmuligheder. Der kan f.eks. bruges sejlgarn (helt eller optrævlet), bomuldsgarn, stoftrævler (der »ugles«), kokosfibre (naturfibre, der bruges til blomsterdekorationer) eller amagergarn.

Pagehår
Her kan bruges helt eller optrævlet garn, som sys til hovedet midt på issen og i ørehøjde. Træk lidt tråde frem til pandehår og studs frisuren som vist på tegning 1.

Strithår
Sy tråd igennem hovedets sammensyning, bind råbåndsknuder og klip af, så trådenderne stritter, se tegning 2.

Korte fletninger
Sy tråd igennem hovedets sammensyning, del trådene og flet korte fletninger, bind en knude og klip af, se tegning 3.

Lange fletninger eller »frikadeller«
Klip tre 20-25 cm lange tråde af f.eks. amagergarn og dem sy fast som forklaret ved pagehåret. Sy evt. lidt »uglet« tråd i samme farve på som pandehår. Flet lange fletninger og slut af med en knude. Fletningerne kan snos rundt og sys fast i frikadelle-frisure, se tegning 4.

Franske knuder
Sy en række franske knuder (se forrige side) langs hovedets sammensyning, se tegning 5.

Trævlehår
Stoftrævler kan ugles med en enkelt guld- eller kobbertråd som effekt. Sy håret fast tre-fire steder og studs evt. lidt, se tegning 6. Kokosfibrene sys som trævlehåret.

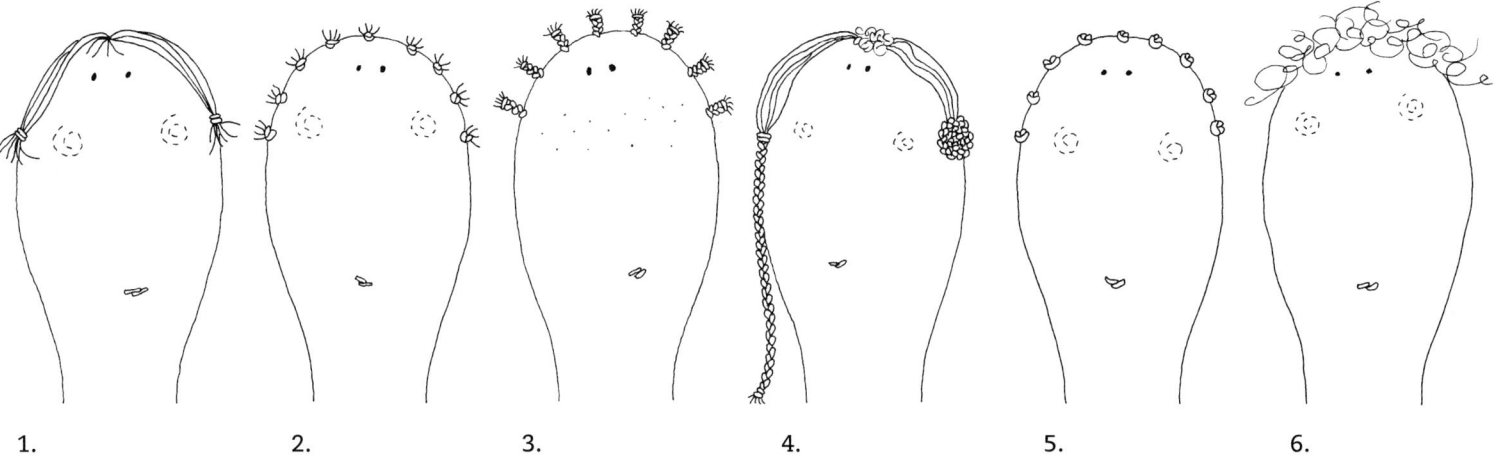

1.   2.   3.   4.   5.   6.

Applikation

Her forklares to måder at applikere på – først den traditionelle metode og derefter en nem.

Tegn efter skabelonen på stoffets vrangside og klip ud med 5 mm sømrum. Klip små hak i indadgående buer og små trekantede hak i udadgående, se tegning 1a. Læg skabelonen inden for den tegnede streg og rids – evt. med en ridsenål (se side 7) – rundt om motivet og pres sømrummet ind over skabelonen med spidsen af strygejernet. Tag skabelonen ud og ri sømrummet på plads som vist på tegning 2a. Placer motivet, ri det på baggrunden eller hold det fast med knappenåle. Appliker motivet fast med applikationssting eller knaphulssting, se tegning 3a og 4a.

Til den nemme metode bruges tynd vlieseline uden limside:

Tegn efter skabelonen på vlieselinen og placer stykket på stoffets retside. Sy i den tegnede streg, klip ud med 3 mm smalle sømrum og klip hak i indadgående buer. Klip en slids i vlieselinen som vist på tegning 1b og vend motivets retside frem igennem slidsen. Fingerpres motivet, så vlieselinen ikke ses på forsiden. Placer motivet og appliker som netop forklaret under den traditionelle metode.

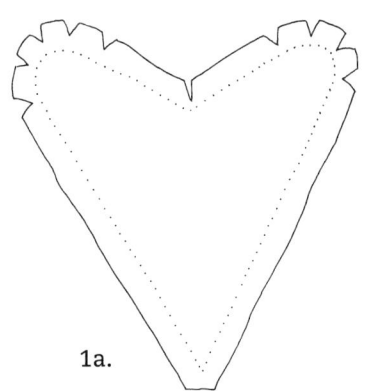

1a.

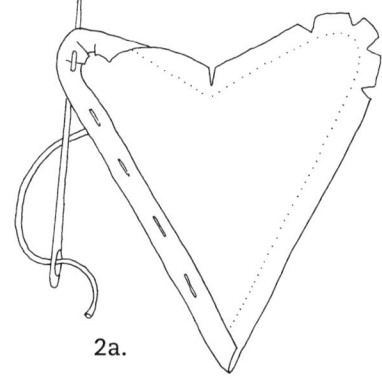

2a.

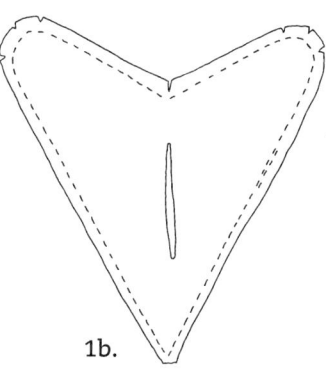

1b.

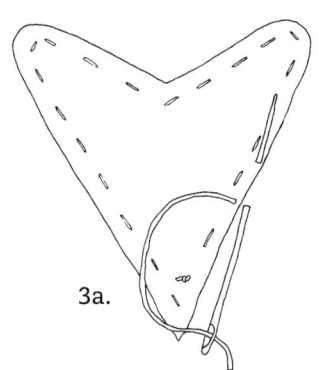

3a.

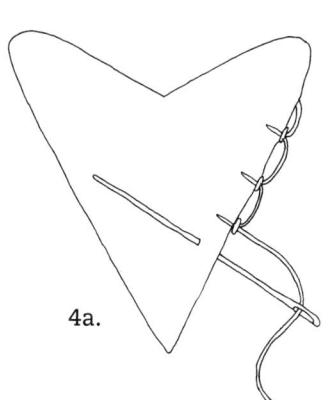

4a.

Bamser, kaniner og balletpiger 13 15 17 63

Figurerne, der forklares i dette afsnit, kan bruges som pynt på grene, dekoration på en hylde eller f.eks. som vedhæng på en pakke. De er ikke særlig store – en bamse er kun 12 cm høj, og kaninerne og balletpigerne måler 14 cm.

Mønstrene findes på side 14

Stofforbrug til et par
10 x 65 cm

- Fold stoffet ret mod ret, så det længste mål halveres, og tegn de forskellige dele som vist på tegning 1. De viste dele er til to bamser.
- Sy som forklaret ved vrangsyningsmetoden på side 8. Ørernes, kroppens og benenes vendeåbninger klippes ud i den tegnede streg, se tegning 2.
- Rids og fold 7-8 mm sømrum om til vrangen nederst på kroppen, inden den vendes, se tegning 3.
- Stop alle delene (undtagen ørerne) meget fast.
- Placer benene i kroppen og sy dem til med sømmesting.
- Sy armenes vendeåbninger til og sy dem fast til kroppen, se tegning 4.
- Fold ca. 5 mm sømrum om til vrangen på bamseørerne og træk åbningen let sammen, inden de sys på hovedet, se tegning 5.
- Rynk kaninørerne ved at ri to-tre sting langs indersiden af hvert øre (se tegning 2 på side 14), træk stingene sammen og hæft tråden.

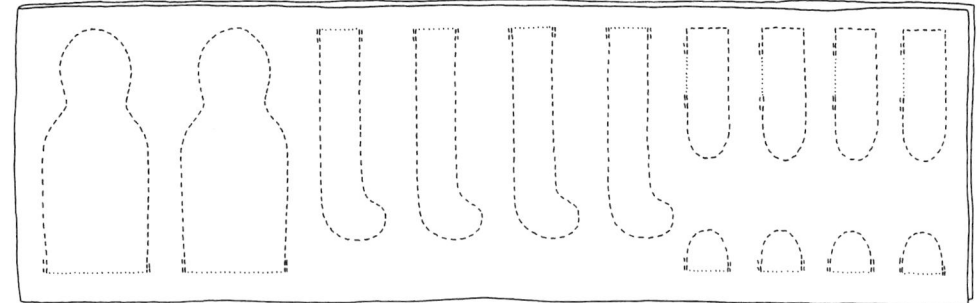

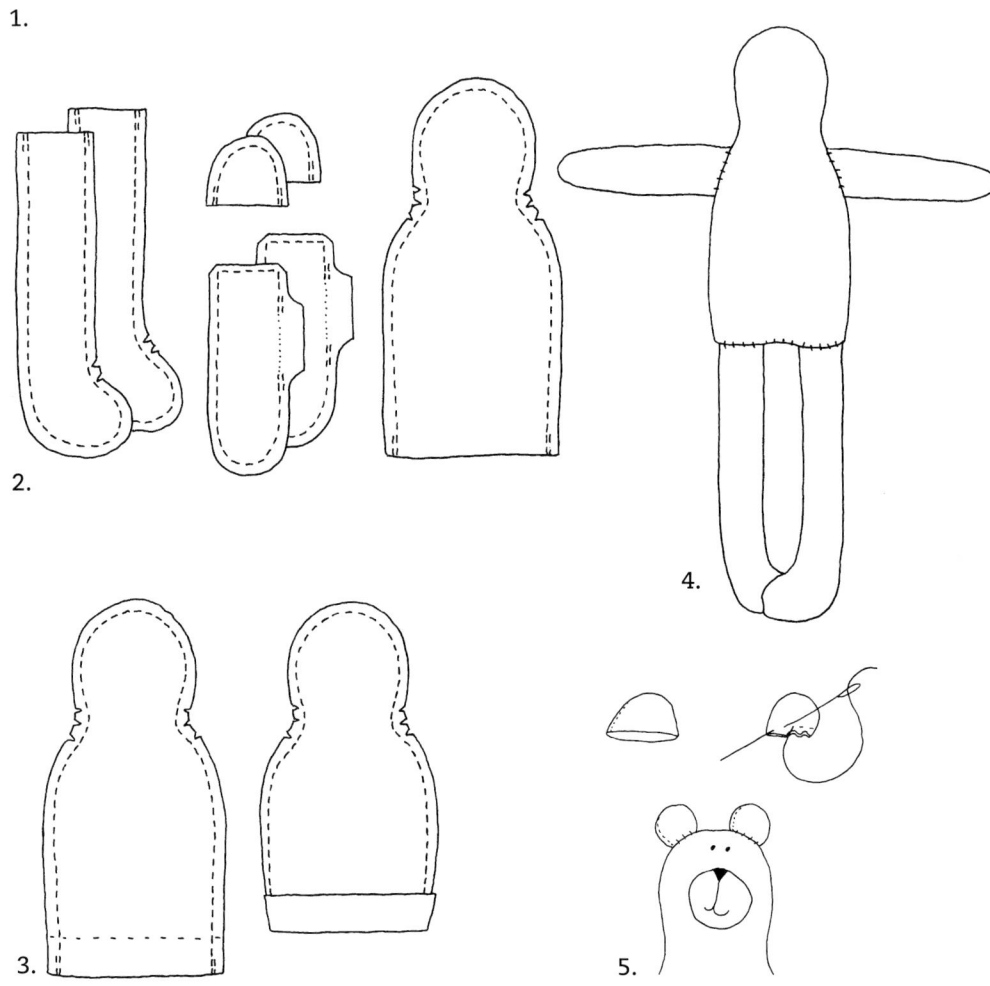

Bamser s. 12. Træhusene er hjemmelavede og savet af trærester.

- Tegn bamsernes og kaninernes ansigtstræk (se tegningerne til højre) og bamsernes poter (se mønsterdelen) med en tynd vandfast pen. Kaninernes inderører males let med en rød farveblyant.
- Sy balletpigernes ansigt og hår som forklaret på side 10 og mal røde kinder med en farveblyant.

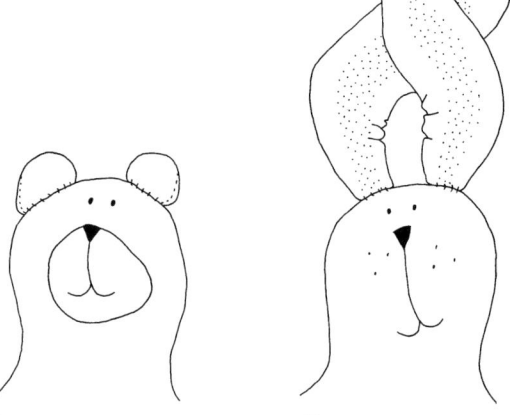

1. 2. 3.

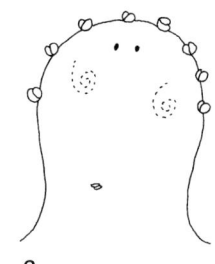

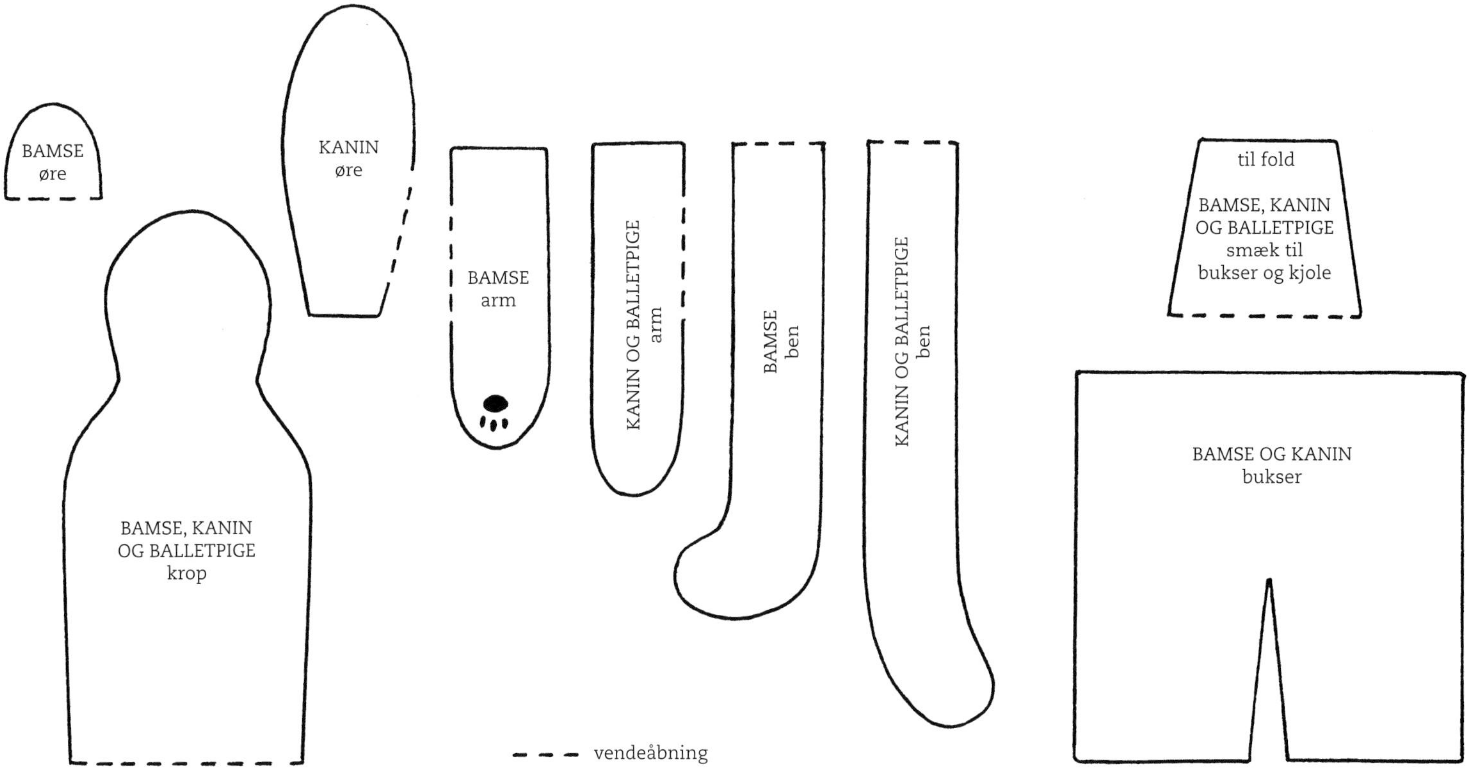

Kaniner s. 12.

Kjole og bukser til bamser og kaniner

Kjolen og bukserne sys som forklaret på side 89, 90 og 92. Mønstrene findes på side 14.

Stofforbrug

kjole   5,5 x 18 cm
smæk   4 x 6 cm
seler   2 x 15 cm
bukser   6,5 x 12 cm

Kjole til balletpige

Når balletpigernes kjoler sys, er der rig lejlighed til at slå sig løs med tyl, silke, guld- og satinbånd samt perler trukket på tråd.

I det følgende gives forklaring på tre typer kjoler, som efter fri fantasi kan varieres med hensyn til farve og materialevalg.

Kjoleoverdel I

- Sy en smæk som forklaret på side 89 og vist på tegning 1a og 2a nedenfor. Smækmønsteret findes på side 14.
- Pynt f.eks. overkanten med en perlerække, se tegning 3a.
- Lav stropper af to-tre guldtråde eller perlerækker og sy dem fast til smækken, se tegning 3a og 4a.
- Kryds stropperne på ryggen og sy dem fast under skørtets linning.

Kjoleoverdel II

- Kryds ca. 5 mm brede bånd både for og bag og sy enderne fast til kroppen.

Skørt I

- Klip et stykke tyl på 6 x 20 cm, fold og sy en rynketråd ca. 5 mm fra kanten, se tegning 1b.
- Rynk skørtet og bind det omkring balletpigens liv – knuden placeres på ryggen.
- Skjul rynkekanten med et smalt bånd, der holdes på plads med så usynlige sting som muligt.
- Bind en sløjfe – foran eller bag på kroppen – se tegning 2b.

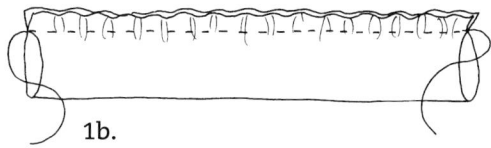

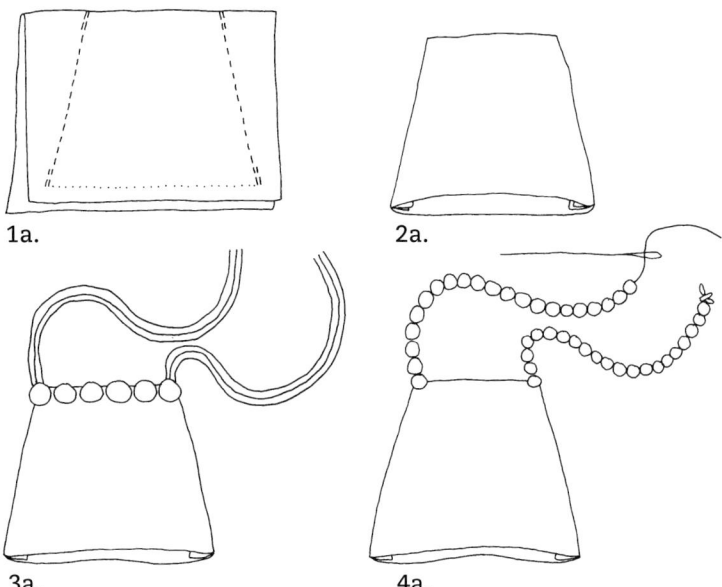

Balletpiger s. 12.

Skørt II
- Klip to stykker tyl på henholdsvis 12 x 20 cm og 8 x 20 cm, læg stykkerne over hinanden og sy en rynketråd som vist på tegning 1a.
- Fold skørtet dobbelt langs rynketråden, rynk og bind skørtet omkring danserindens liv som vist på tegning 2a – knuden placeres på ryggen.
- Pynt evt. med en perlerække over rynkekanten.

Skørt III
- Klip et stykke silke på 5 x 20 cm, fold og pres 10 mm til vrangen langs den ene lange kant.
- Fold og pres et 2 mm bredt dobbelt ombuk forneden på skørtet eller træk tråde ud, så der bliver en ca. 10 mm bred frynsekant. Sidstnævnte kræver, at stykket er klippet trådlige af.
- Åbn ombukket foroven, fold stoffet ret mod ret og sy sammen med en trykfods sømrum. Denne søm kommer til at danne midt bag.
- Pres sømrummet fra hinanden, vend retsiden ud og fold igen ombukkene om til vrangen.
- Sy den nederste kant med forsting og sy rynketråd 2-3 mm fra linningskanten, se tegning 1b.
- Rynk skørtet omkring balletpigens liv (se tegning 2b) og bind en knude på ryggen.

Balletsko
- Tegn balletskoene yderst på danserindens fødder med en farvet vandfast pen.
- Sy ca. 30 cm lange tråde igennem ved hælen og kryds dem omkring benene, se tegning 1c og 2c.
- Afslut med en sløjfe foran på benene lidt under knæene.
- Bøj evt. det ene ben ved knæet og sy tåen fast til det andet ben så usynligt som muligt.

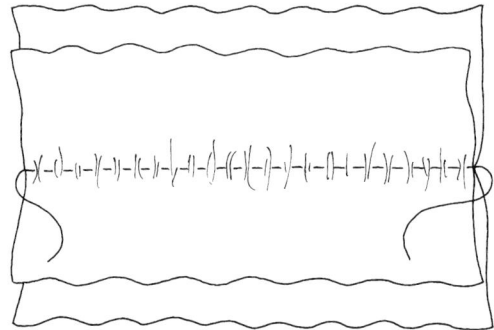
1a.

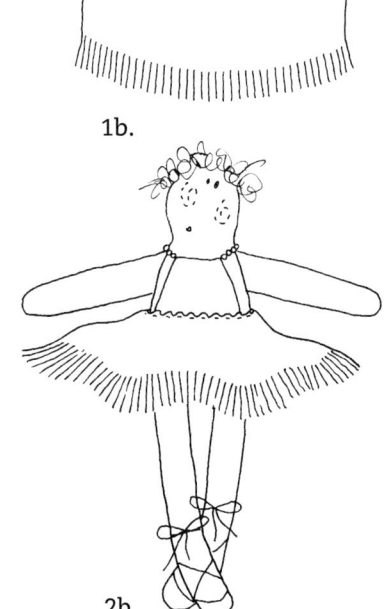
1b.

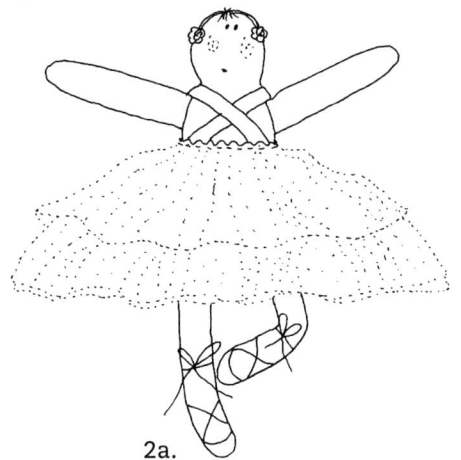
2a.

2b.

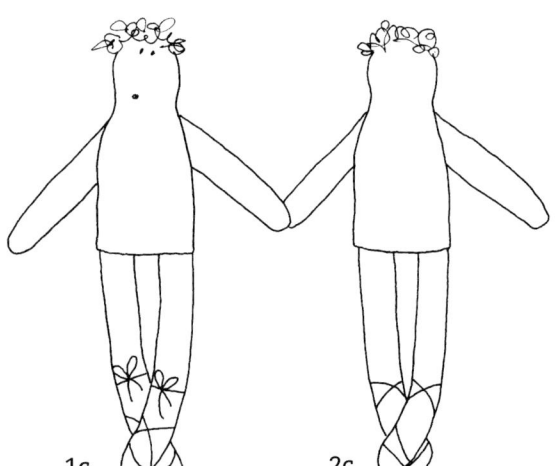
1c.   2c.

Fuglehuse og fugle

Både fuglehusene og fuglene kan monteres med en pind og »plantes« i en urtepotte som forklaret på side 7, eller der kan sys en ophængssnor i.

Mønstrene findes på side 22.

Fuglehus

Stofforbrug og materialer

tag 6,5 x 20 cm
volumenvlies 6,5 x 20 cm
fuglehus 10 x 18 cm
volumenvlies 10 x 18 cm
lidt stof til hjerte eller stjerne
fiberfyld
evt. en pind
en knap
evt. lidt kokosfibre

- Stryg volumenvlies på stofstykkernes vrangside og fold dem ret mod ret, så de længste mål halveres.
- Sy huset, taget og et lille hjerte eller en lille stjerne (se side 58 og 59) efter vrangsyningsmetoden, se side 8 og tegning 1.
- Klip huset ud, se tegning 2.
- Skub husdelen op i taget og sy sammen med sømmesting, se tegning 3.
- Stop jævnt med fyld, placer den eventuelle pind og sy åbningen til.
- Sy hjertet eller stjernen på huset med en knap over – der kan lægges lidt kokosfibre under knappen som vist på billedet side 25.

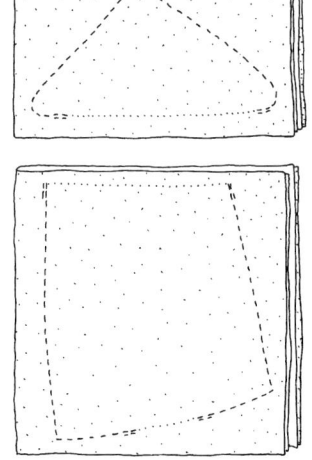

1.

2.

3.

Fugle

Mønsteret findes på side 22.

Stofforbrug og materialer til et par
næb 4,5 x 16 cm
krop (klip to stykker) 9 x 16 cm
vinge (klip to stykker) 4,5 x 21 cm
fiberfyld
fire knapper

- Sy med en trykfods sømrum næbstrimlen ret mod ret med kropsstrimlerne som vist på tegning 1.
- Stryg sømrummene mod næbstrimlen og fold stykket ret mod ret, så det korteste mål halveres, som vist på tegning 2.
- Fold vingestrimlerne ret mod ret, så de længste mål halveres.
- Tegn fuglekroppene op på stoffet som vist på tegning 2.
- Sy fuglekroppene og vingerne efter vrangsyningsmetoden, se side 8.
- Stop først vingerne med fyld, placer dem i kroppene og stop næbbene og halerne.
- Sy kroppene og vingerne sammen med sømmesting.
- Sy øjne med franske knuder eller sy små knapper på.
- Sy evt. knaphulssting på vingerne som vist på tegningen.
- Hæng evt. fuglene op på en gren med knager sammen med et fuglehus, se billedet og den følgende forklaring.

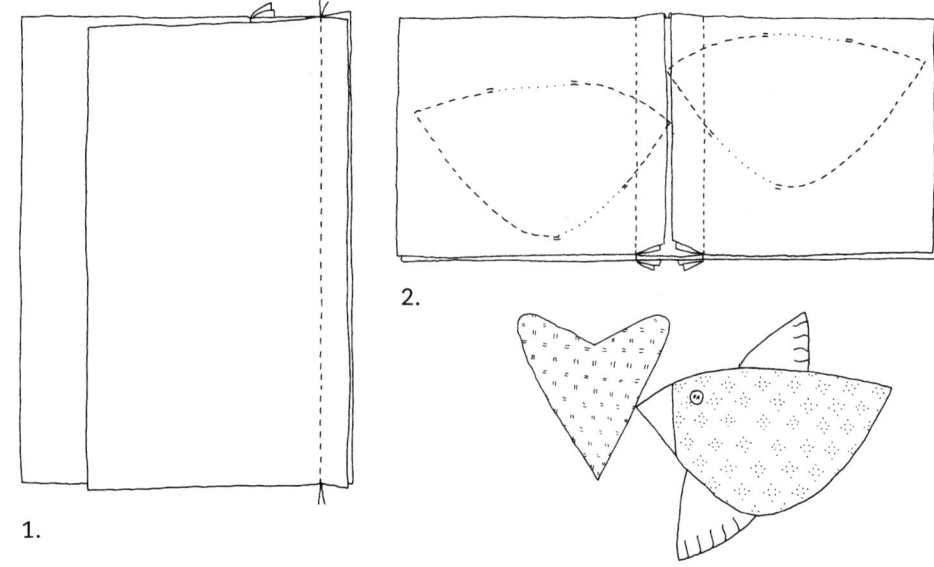

Gren med knager

- Klip en ca. 10 mm tyk og 30-40 cm lang gren.
- Bestem, hvor mange knager der skal være, og sæt mærker – husk også et mærke midt for til ophæng, se tegning 3.
- Bor huller i markeringerne med et 3 mm bor. Hullet til ophænget skal være lodret, mens de andre skal være vandrette.
- Klip 3 cm lange knager af en ca. 4 mm tyk gren.
- Spids knagerne til i den ene ende.
- Dyp spidserne i trælim og bank dem forsigtigt ind i hullerne.
- Lav et ophæng som forklaret på side 66 og stik det gennem midterhullet.

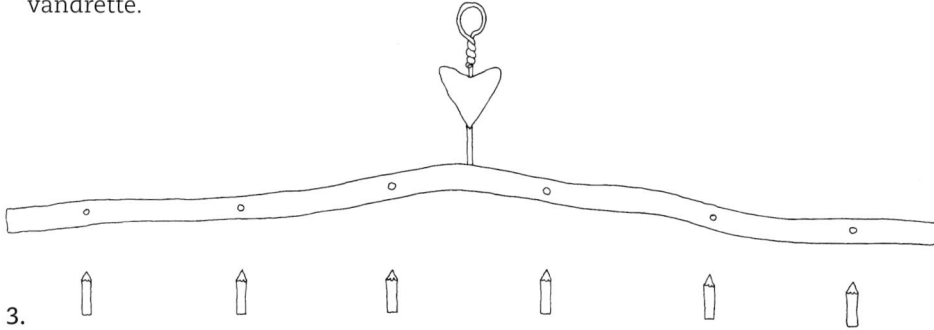

Fuglehuse og fugle s. 19. Gren med knager s. 20. Solsikker s. 23.

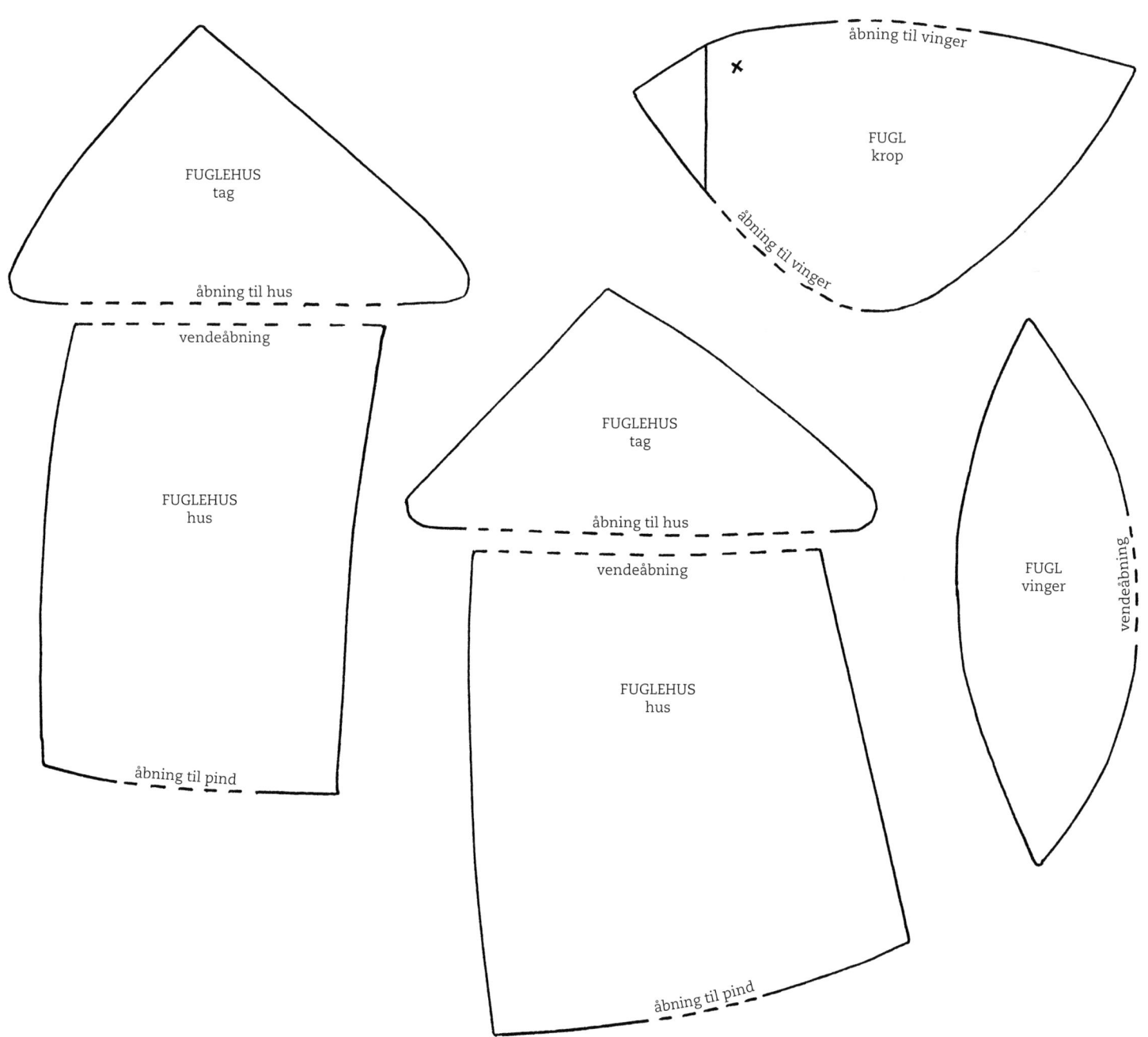

Solsikker

Solsikkerne kan sys i to størrelser efter forklaringen nedenfor. Stilkene kan være af bambus eller andre naturpinde, eller hvis de skal kunne nikke som rigtige solsikker, kan de laves af et tyndt stofrør, hvori der skubbes en elefanttråd.

Stofforbrug og materialer

	lille	stor
blomstermidte	7 x 7 cm	8 x 8 cm
kronblade	6 x 60 cm	7 x 70 cm
dækblade	7 x 42 cm	8 x 48 cm
blomsterbund	7 x 9 cm	8 x 10 cm
blad	7 x 39 cm	7 x 39 cm
volumenvlies	7 x 19,5 cm	7 x 19,5 cm
stilk	2 x 45 cm	2 x 45 cm

elefanttråd eller evt. en pind

Blomst

Mønsteret findes på næste side.

- Sy og klip blomsterbunden ud som vist på tegning 1 og pres sømrummet fra hinanden, se tegning 2.
- Klip en blomstermidte, ti gyldne kronblade og fem-seks grønne dækblade.
- Fold kronbladene som vist på tegning 3a-3c.
- Fold dækbladene på samme måde, blot mere åbne.
- Fordel kronbladene jævnt oven på blomstermidtens retside som vist på tegning 4. Alle kronbladene skal overlappe hinanden lidt.
- Fordel fem-seks dækblade oven på kronbladene, se tegning 5.
- Læg blomsterbunden ret mod dækbladene og sy igennem alle lag med en trykfods sømrum, se tegning 6.
- Klip sømrummet ind til 3 mm og vend retsiden ud.
- Stop blomsterhovedet godt med fyld, men vent med at sy sammen, til stilken er syet.

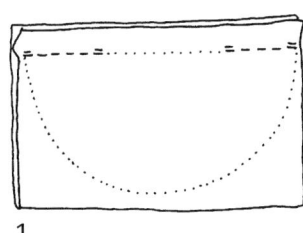
1.

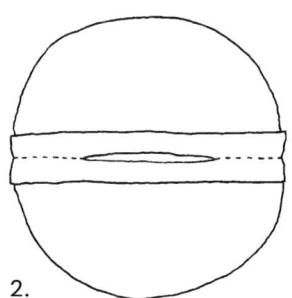
2.

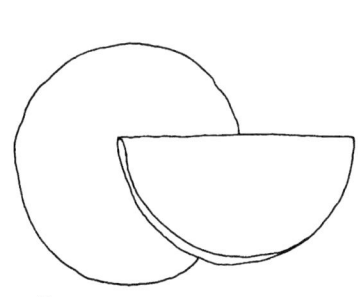
3a.

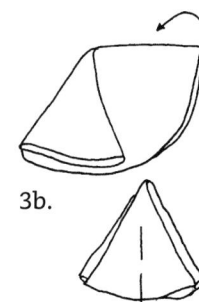
3b.
3c.

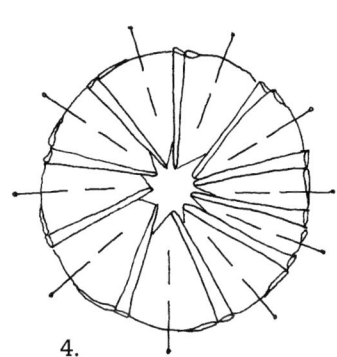
4.

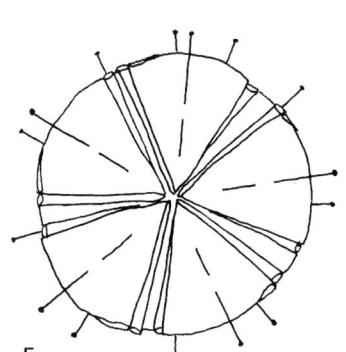
5.

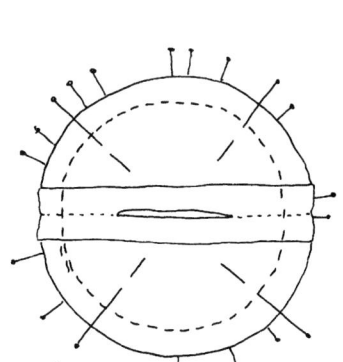
6.

Blomsterstilk med elefanttråd

- Fold og sy strimlen som vist på tegning 1.
- Stik forsigtigt elefanttråden ind i røret og buk evt. enderne, så tråden ikke arbejder sig ud.

Blade

- Fold stoffet ret mod ret, så det længste mål halveres.
- Stryg volumenvlies bagpå.
- Sy bladene efter vrangsyningsmetoden, se side 8.
- Sy vendeåbningen til og quilt snirkler på bladene som vist på tegning 2.
- Træk bladet på stilken. Sy det fast på stilken eller træk det helt op og sy det fast til blomsterbunden.
- Stik stilken ind i blomstens åbning og sy sammen.

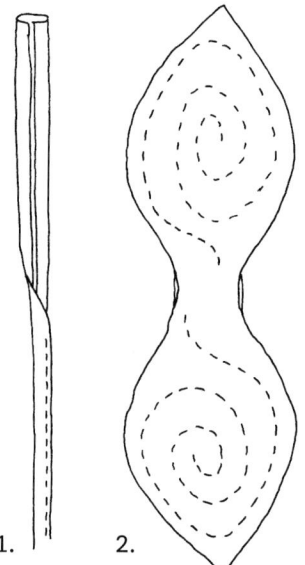

1.   2.

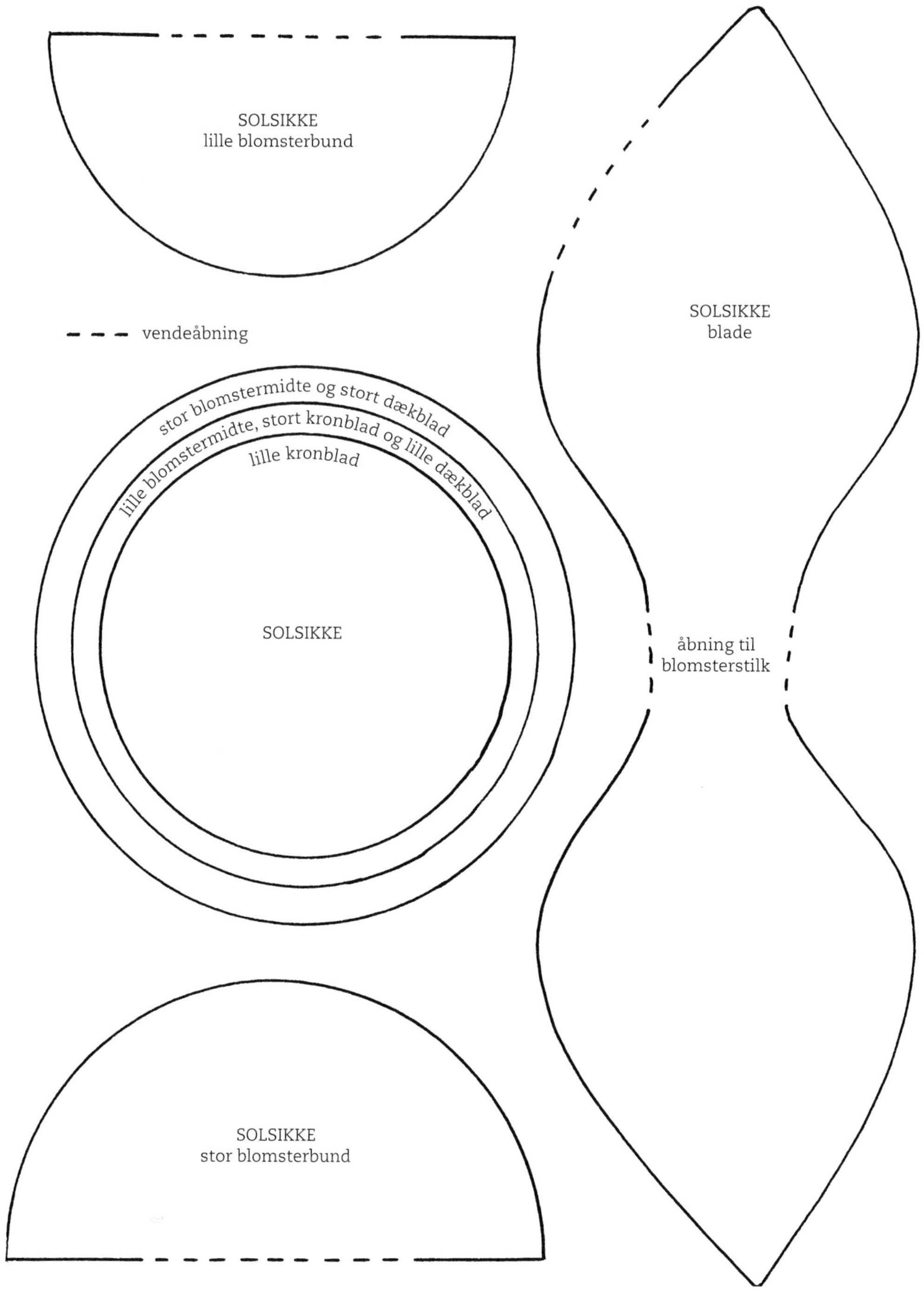

Fuglehuse s. 19. Solsikker s. 23.

Låg med solsikker

Solsikkerne kan bruges som pynt på låg til f.eks. spånæsker og mindre kurve. Selve låget består af en stor stofbetrukket papcirkel med en mindre cirkel limet under til at holde låget på plads.

Materialer
stift pap
pladevat
stof
universallim

- Tegn æskens omkreds på pappet og klip ud.
- Tegn endnu en cirkel (10 mm mindre i diameter) på pappet og klip ud, se tegning 1 og 2.
- Klip et eller to lag pladevat i samme størrelse som de to papcirkler.
- Læg papcirklerne på stoffet og tillæg 25-30 mm sømrum.
- Ri med stærk tråd 5 mm fra stofkanterne som vist på tegning 3.
- Læg stofcirklerne med retsiden ned, herefter pladevattet og øverst papcirklerne, se tegning 4.
- Træk i ritråden, fordel rynkerne og bind en knude, se tegning 5.
- Smør lim på bagsiden af den mindste papcirkel indtil 10 mm fra kanten.
- Læg den lille cirkel over den store og lad limen tørre under pres.
- Sy et solsikkehoved og et blad fast på låget (se side 23 og 24) – rul evt. en stilk af ca. 6 x 14 cm stof, se tegning 6a-6c. Hvis låget er meget stort (se kurvelåget på billedet side 21), kan der sys to solsikkehoveder – et lille og et stort – på. Her skal stoffet til stilken måle ca. 8 x 16 cm.

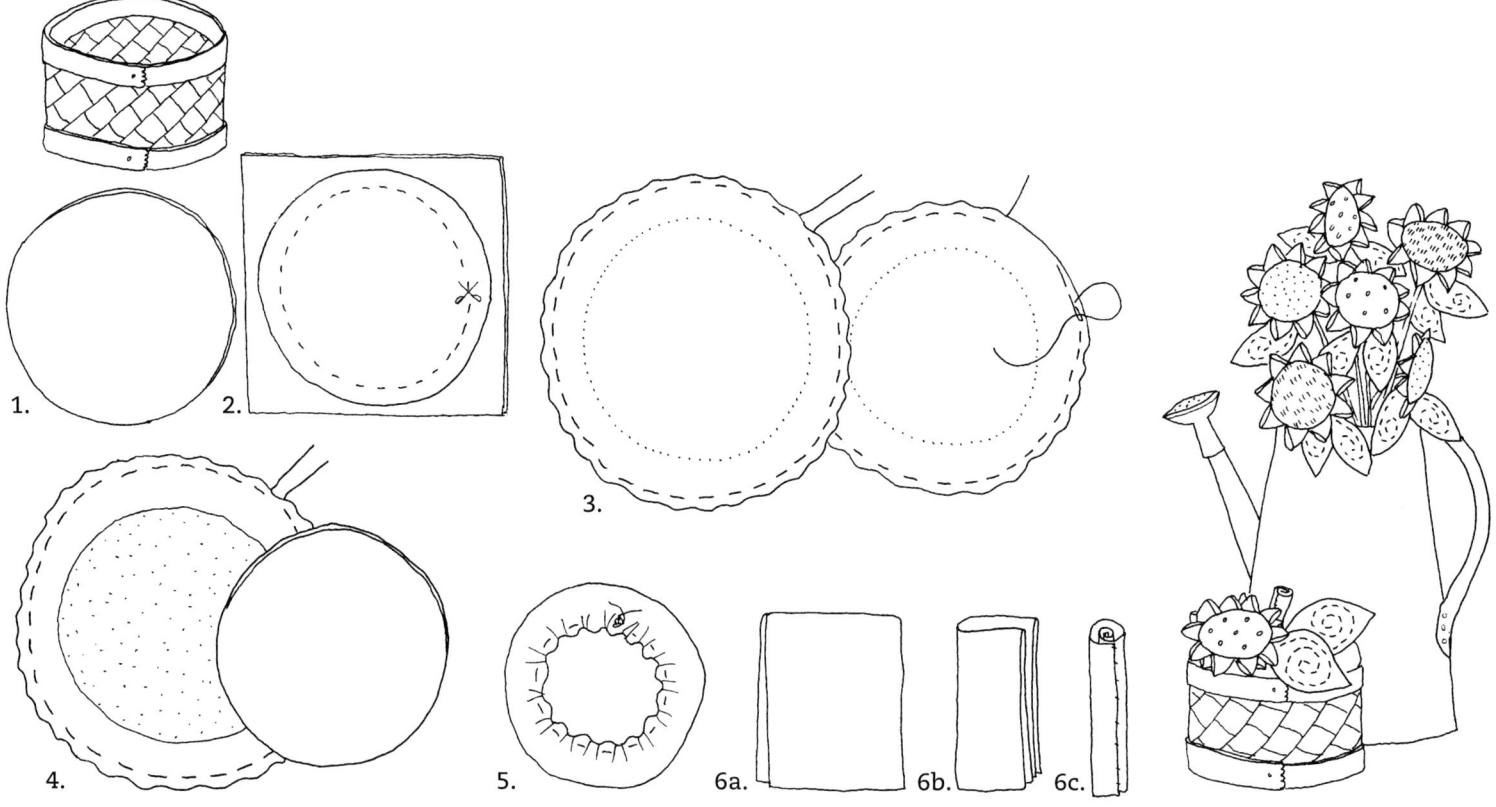

Gåse- og dukkeposer ☐29 ☐31 ☐33

Gåse- og dukkeposerne har mange anvendelsesmuligheder. F.eks. kan de store poser bruges til børnenes nattøj eller som en lille børne-weekendtaske, og på side 39 er der beskrevet nogle helt små miniposer, der kan bruges som velduftende lavendelposer.

Dukken og gåsen sys grundlæggende på samme måde, men i det efterfølgende beskrives først modellernes forskelle i hvert sit afsnit, og dernæst forklares, hvad der er fælles for begge, og hvordan delene samles.

Gåsepose

Den lille gås måler fra isse til hæl ca. 50 cm og den store ca. 90 cm. Mønstrene til gæssene findes på side 37-38.

Stofforbrug og materialer

	lille	stor
hoved/hals	17 x 22 cm	26 x 36 cm
næb	5,5 x 12 cm	8 x 16 cm
strop	4 x 20	6 x 25
vinger	16 x 32 cm	24 x 38 cm
ben	16 x 24 cm	25 x 38 cm
fiberfyld		
knapper		
quiltevat		

- Fold stoffet til hoved/hals og næb ret mod ret.
- Tegn hoved/hals og næb på stoffet og klip ud med 10 mm sømrum.
- Sy næbstykkerne ret mod ret på hovedet som vist på tegning 1.
- Fold næbstykkerne ud og sy hovedet/halsen sammen i den tegnede streg og klip sømrummet ind til 3 mm.
- Stop hovedet fast til 15 mm fra åbningen og sy knapper på som øjne.
- Fold og sy en strop som vist på tegning 2 og 3 og sy stroppen fast bag på halsen som vist på tegning 4, se også markeringen på mønsteret.
- Sy ben og vinger efter vrangsyningsmetoden, se side 8. Der lægges to lag quiltevat under vingestoffet som vist på tegning 5.
- Stop benene til 15 mm fra åbningen.
- Quilt fødderne som markeret på mønsteret. Vingerne quiltes også eller sys med knaphulssting.
- Buk foden i ankelleddet og sy med sømmesting hen over vristen, så foden vender frem, se tegning 6a-6c.

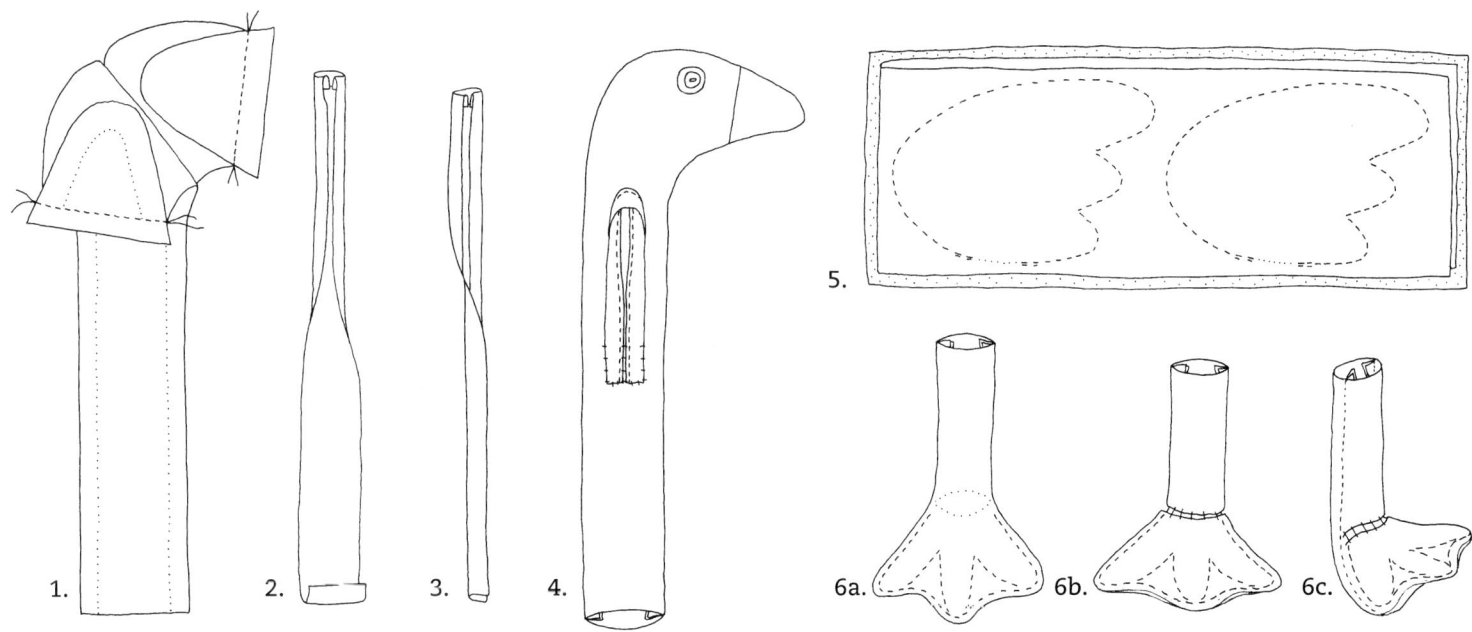

Dukkepose

Den lille dukke måler ca. 45 cm fra isse til hæl og den store ca. 75 cm. Mønstrene til dukkerne findes på side 35-37.

Stofforbrug og materialer

	lille	stor
hænder	5 x 16 cm	7,5 x 22 cm
arme	14,5 x 16 cm	23,5 x 22 cm
ben	5,5 x 25 cm	8,5 x 38 cm
strømper	6 x 25 cm	9 x 38 cm
hoved	13,5 x 17 cm	22,5 x 26 cm
strop	4 x 25 cm	6 x 45 cm
fiberfyld		
knapper		
evt. garn til hår.		

- Sy strimlerne til hænder og arme samt ben og strømper ret mod ret og fold stykkerne ret mod ret som vist på tegning 1 og 2.
- Fold stoffet til hovedet ret mod ret.
- Tegn hovedet, armene og benene på de respektive stoffer og sy efter vrangsyningsmetoden, se side 8.
- Stop hovedet og benene fast til 15 mm fra åbningerne – armene stoppes fast til albuerne og derfra let.
- Sy armenes vendeåbninger.
- Sy øjne, mund og evt. hår som forklaret på side 10.
- Fold en strop som vist på tegning 4 og sy den sammen.

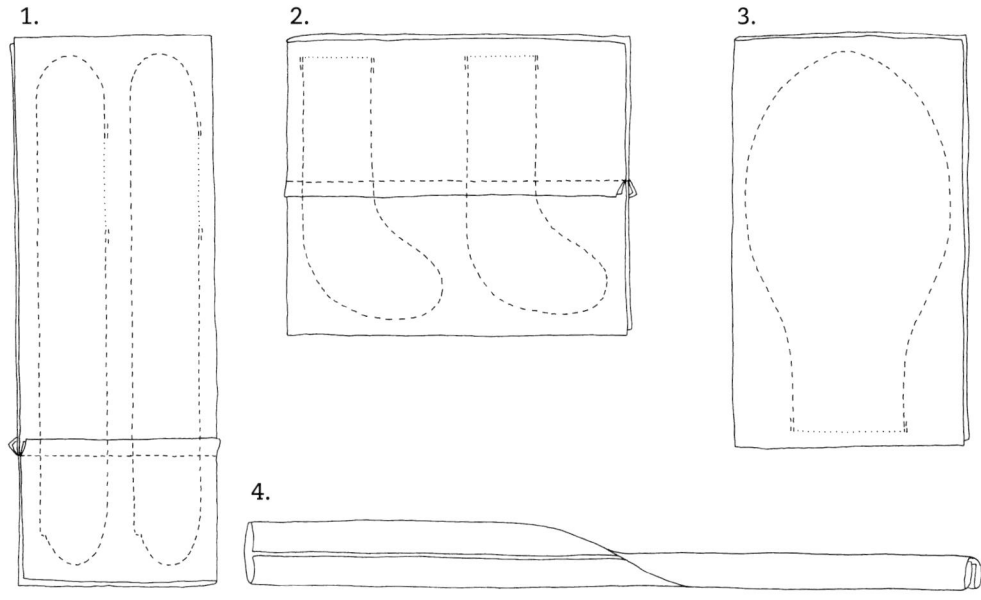
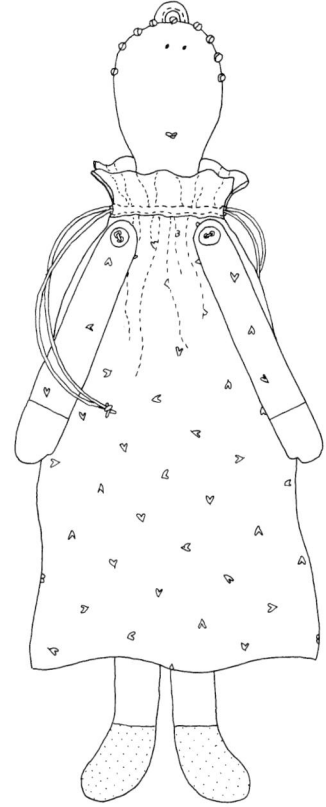

Dukkeposer s. 27.

Kyse

Stofforbrug

	lille	stor
kyse	13 x 22 cm	21 x 38 cm
skygge	5 x 19 cm	7,5 x 33 cm
bindebånd	4 x 45 cm	4 x 55 cm

- Fold og sy et bindebånd som vist på tegning 2 og 3 på side 27 og del båndet i to lige lange stykker.
- Fold stofstrimlen til skyggen ret mod ret, så det korte mål halveres.
- Sy for de korte ender som vist på tegning 1 og vend retsiden ud.
- Klip to kysestykker og læg dem ret mod ret.
- Sy nakkelinien med en åbning til vending, se tegning 2.
- Fastgør bindebåndene til kysestykkernes retside med knappenåle som vist på tegning 3.
- Fastgør skyggen ret mod ret mellem kysestykkerne som vist på tegning 4.
- Fordel kysens mervidde jævnt, så der bliver små rynker (se tegning 5) og sy fra nakkelinie til nakkelinie.
- Vend retsiden på kysen ud og sy vendeåbningen til.

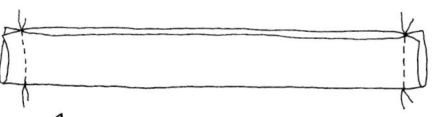

1.

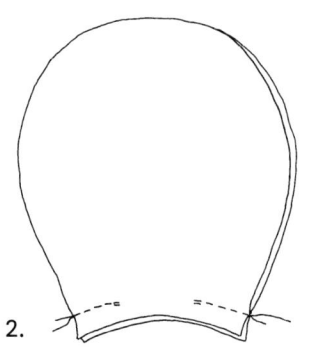

2.

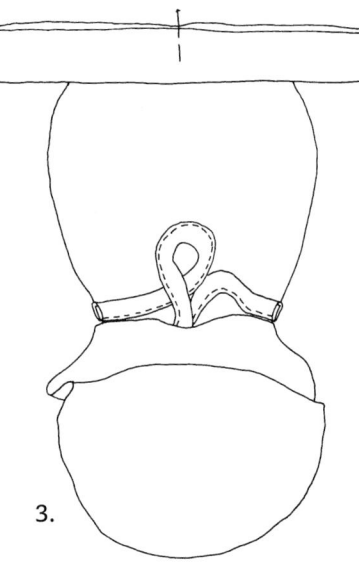

3.

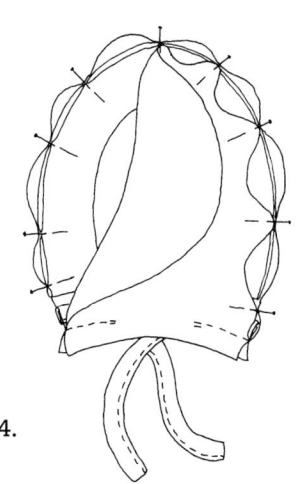

4.

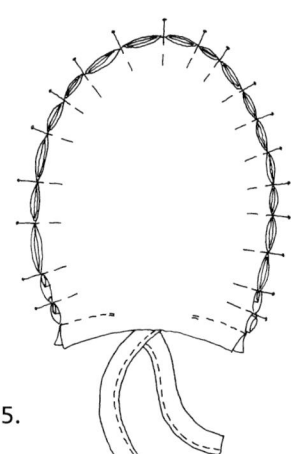

5.

Dukkeposer s. 27. Lavendelposer s. 39. Bøjle med stofbetræk s. 42.

Pose til gås og dukke

Stofforbrug og materialer

	lille	stor
pose (to stk.)	28 x 46 cm	45 x 82 cm
krave (to stk.)	11 x 25,5 cm	14 x 44 cm
snor	1,3 m	2 m
knapper		

- Fold 2 cm om til vrangen på kravestykkernes korte ender og sy ombukkene fast med to stikninger, se tegning 1.
- Fold kravestykkerne vrang mod vrang og sy en 2 cm bred løbegang – den nederste stikning skal ligge 15 mm fra trævlekanten, se tegning 2.
- De to stykker stof til posen bruges henholdsvis til yder- og foerpose. Sy de to poser sammen ret mod ret hver for sig og marker midt for og siderne med knappenåle som vist på tegning 3.
- Placer benene i yderposens bund ret mod ret som vist på tegning 4: Gåsebenene med 5-8 cm mellemrum og dukkebenene med 2-5 cm mellemrum og sy dem fast med en trykfods sømrum.
- Vend retsiden på yderposen ud og placer kravestykkerne som vist på tegning 5.

1.

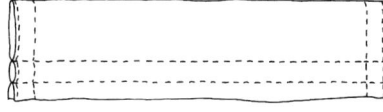

2.

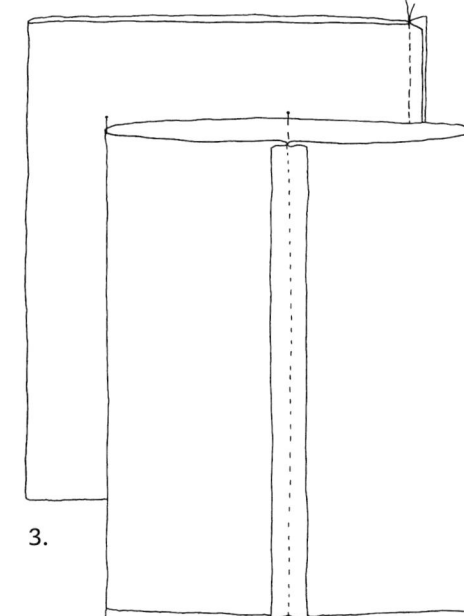

3.

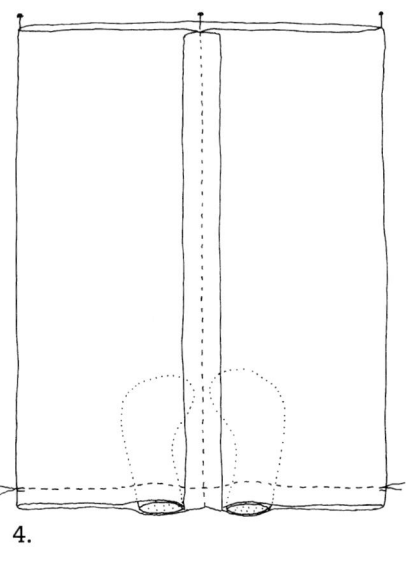

4.

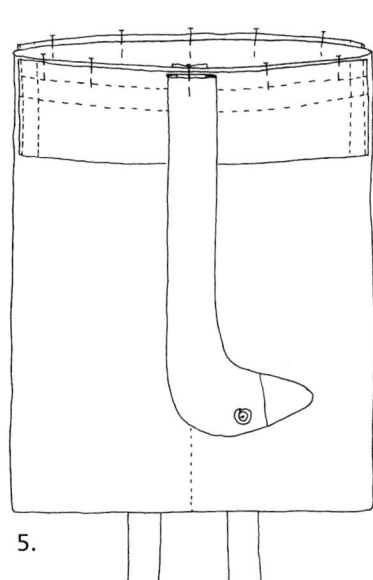

5.

Gåseposer s. 27.

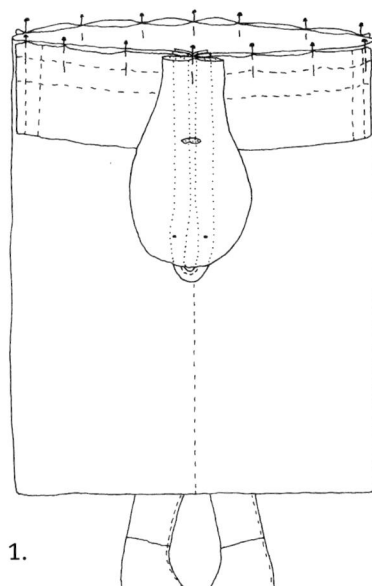

1.

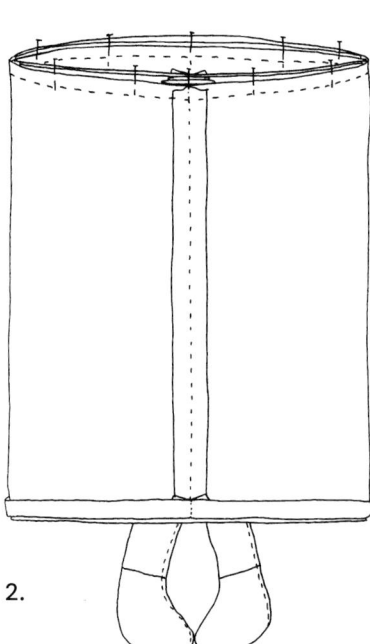

2.

- Placer hovedet midt bag – på dukkeposen lægges stroppen mellem posen og hovedet som vist på tegning 1.
- Træk foerposestykket på yderposen ret mod ret som vist på tegning 2 og sy igennem alle lag langs den øverste kant med en trykfods sømrum.
- Vend retsiden på foerposen ud, fold et 10 mm sømrum til vrangen langs posebunden og sy en søm ca. 2 mm fra kanten.
- Stop foerposen ned i yderposen.
- Del snoren i to lige lange stykker og træk snorene i løbegangen, så de »løber rundt« i hver sin retning som vist på tegning 3 og 4.
- Sy evt. halsen fast til kraven midt bag med et par sting.
- Sy vinger og arme på posen med knapper over som vist på tegning 3 og 4.

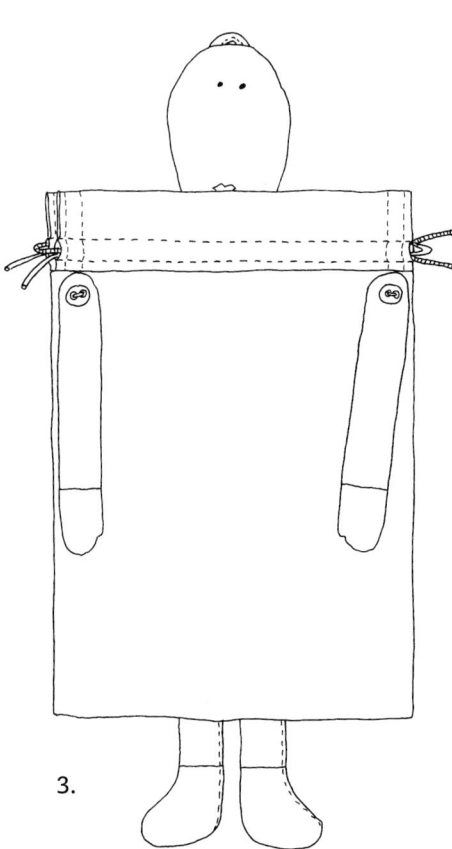

3.

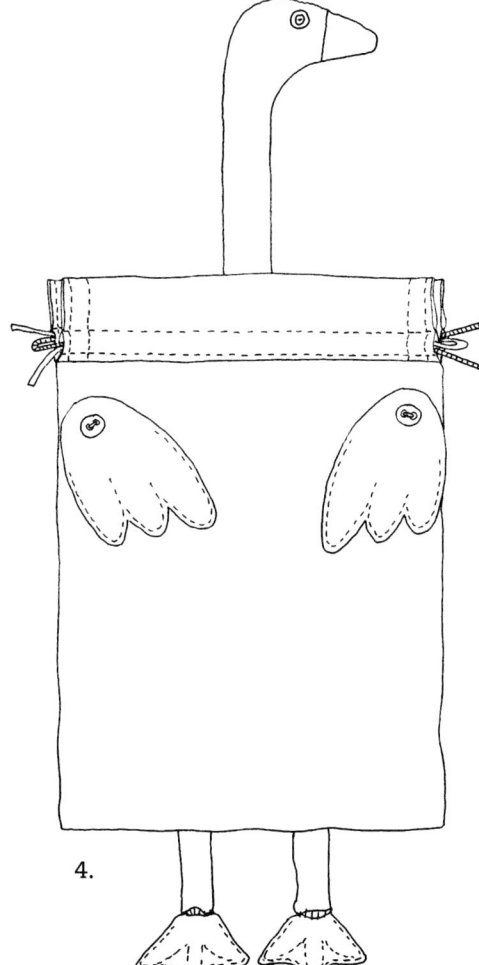

4.

LILLE
DUKKEPOSE
hoved

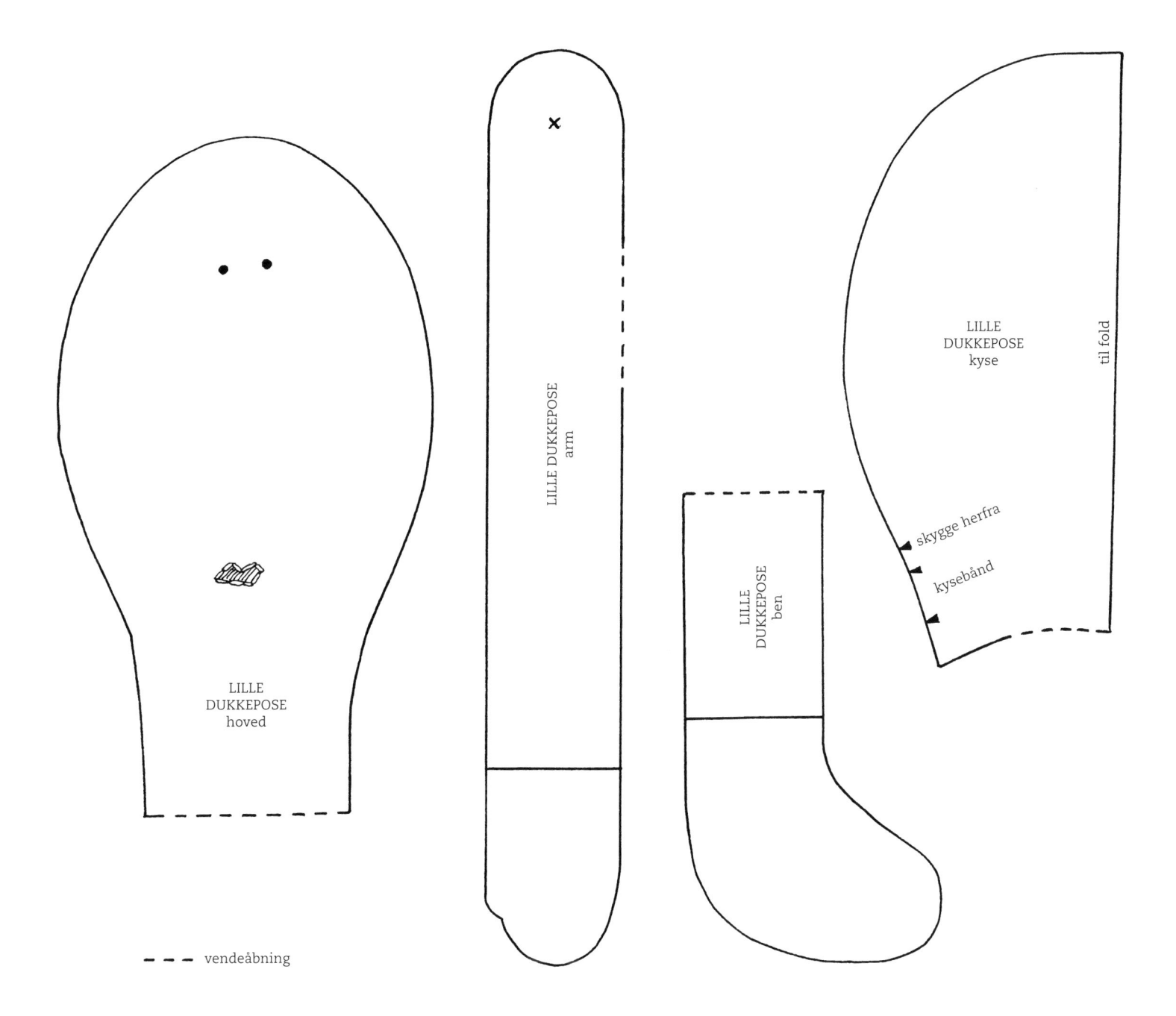

LILLE DUKKEPOSE
arm

LILLE
DUKKEPOSE
ben

LILLE
DUKKEPOSE
kyse

til fold

skygge herfra

kysebånd

- - - vendeåbning

STOR DUKKEPOSE
kyse

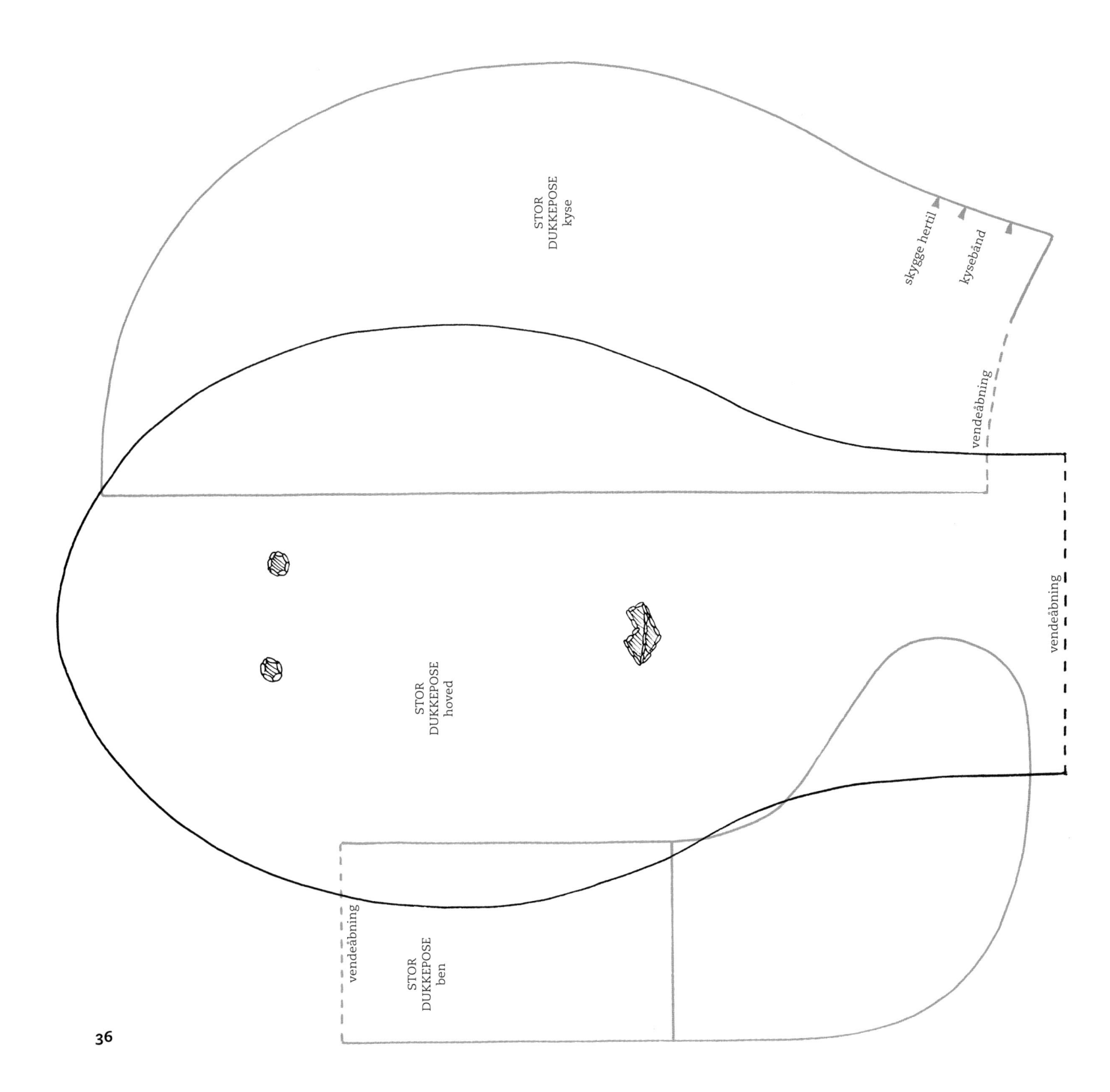

skygge hertil
kysebånd

vendeåbning

vendeåbning

STOR DUKKEPOSE
hoved

vendeåbning

STOR DUKKEPOSE
ben

STOR DUKKEPOSE arm

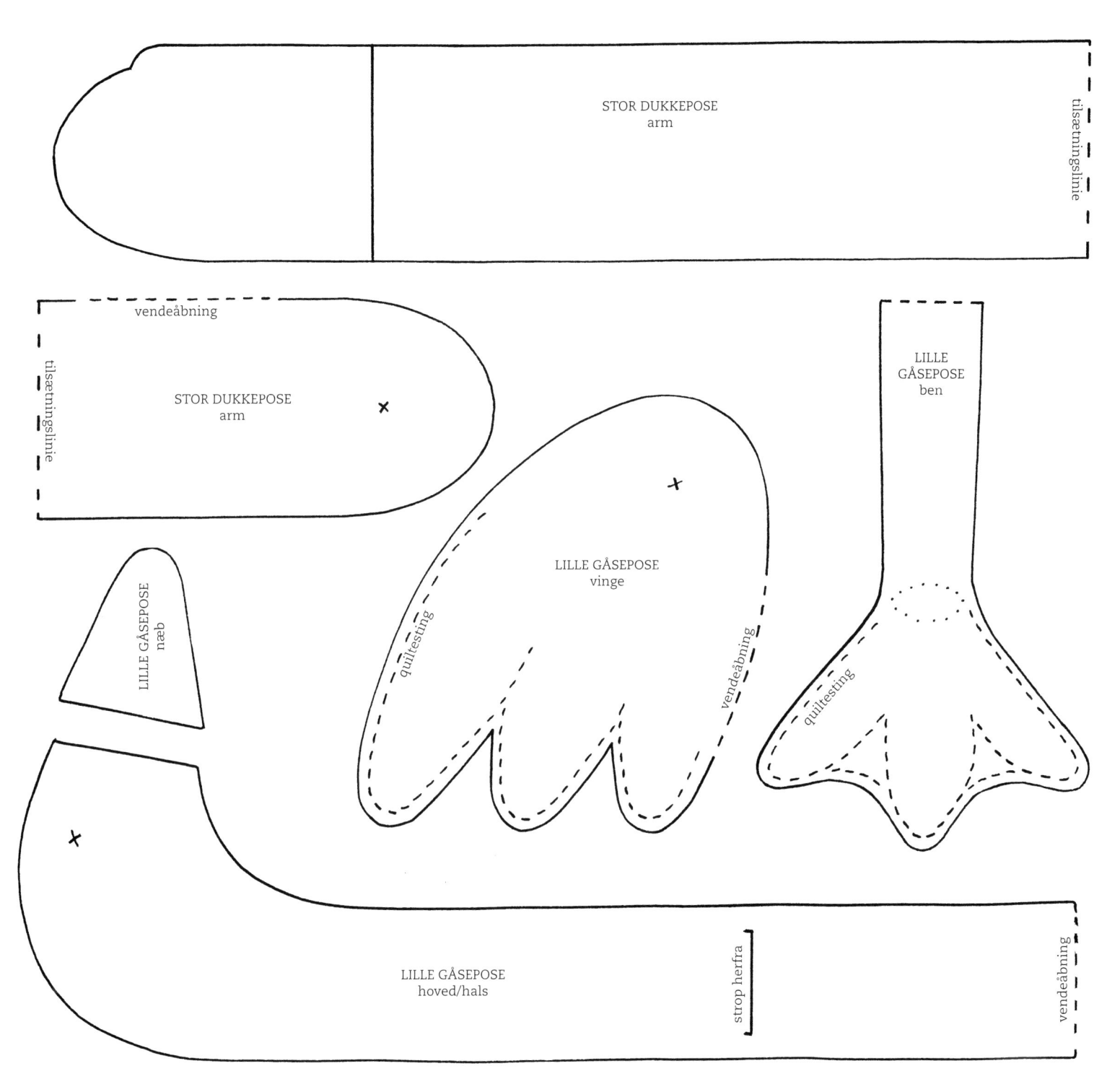

tilsætningslinie

vendeåbning

tilsætningslinie

STOR DUKKEPOSE arm

LILLE GÅSEPOSE ben

LILLE GÅSEPOSE næb

LILLE GÅSEPOSE vinge

quiltesting

vendeåbning

quiltesting

LILLE GÅSEPOSE hoved/hals

strop herfra

vendeåbning

37

STOR GÅSEPOSE vinge

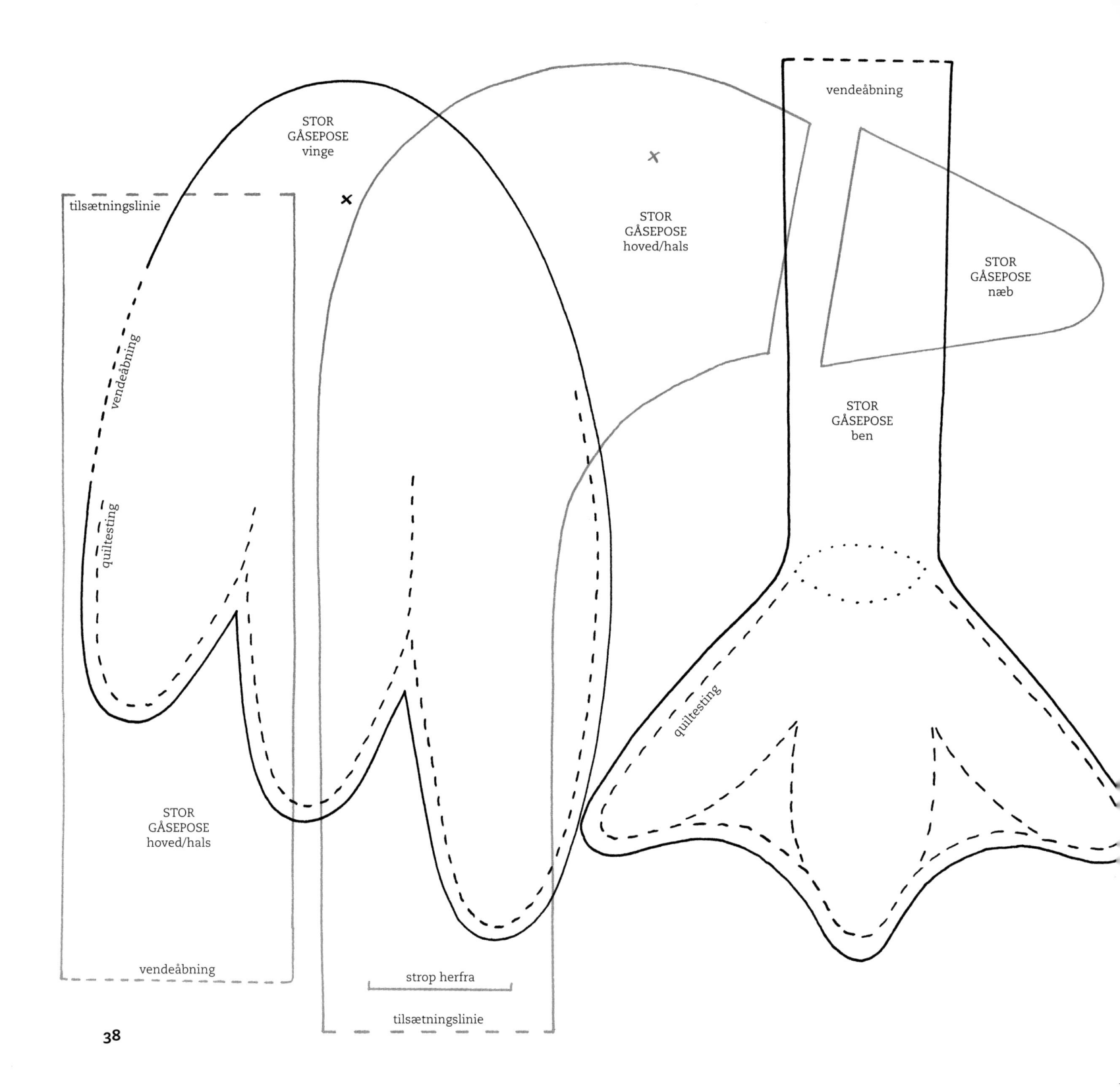

STOR GÅSEPOSE hoved/hals

STOR GÅSEPOSE næb

STOR GÅSEPOSE ben

tilsætningslinie
vendeåbning
quiltesting

STOR GÅSEPOSE hoved/hals

vendeåbning

strop herfra

tilsætningslinie

vendeåbning

quiltesting

Lavendelposer 31 41

Gåsen og dukken er miniatureudgaver af modellerne på de forrige sider og sys som disse, dog uden foerpose. Følg derfor forklaringerne på side 27-34, når de forskellige dele sys og samles. Nedenfor forklares de ting, der afviger fra de tidligere forklaringer.

Inden posen trækkes sammen og bindes, stoppes evt. lidt fiberfyld i, og ellers fyldes den ca. halvt op med duftende lavendelblomster.

Stofforbrug og materialer

gåsehals/hoved	10 x 12 cm
gåsenæb	3,5 x 7 cm
vinger	9 x 16 cm
fødder	10 x 15 cm
strop	2,5 x 17 cm
dukkeansigt	7 x 10 cm
hænder	3,5 x 12 cm
arme	8 x 12 cm
ben	3,5 x 15 cm
strømper	5 x 15 cm
strop	2,5 x 13 cm
krave	6 x 12 cm
pose	14 x 19,5 cm
fiberfyld	
knapper	
60 cm silkebånd eller lignende	
lavendelblomster	

- Sy gåseøjnene med franske knuder eller en lille perle.
- Sy gåsevingerne uden pladevat efter vrangsyningsmetoden (se side 8) og stop med fyld.
- Placer stropperne midt bag på henholdsvis gåsen og dukken som vist på tegning 1 på side 34.
- Fold 15 mm om til vrangen på kravestykkernes korte ender.
- Sy en 10 mm bred løbegang, den nederste stikning skal være 10 mm fra trævlekanten.
- Zigzag trævlekanten, når posen, kravestykkerne, stroppen og hovedet er syet sammen.

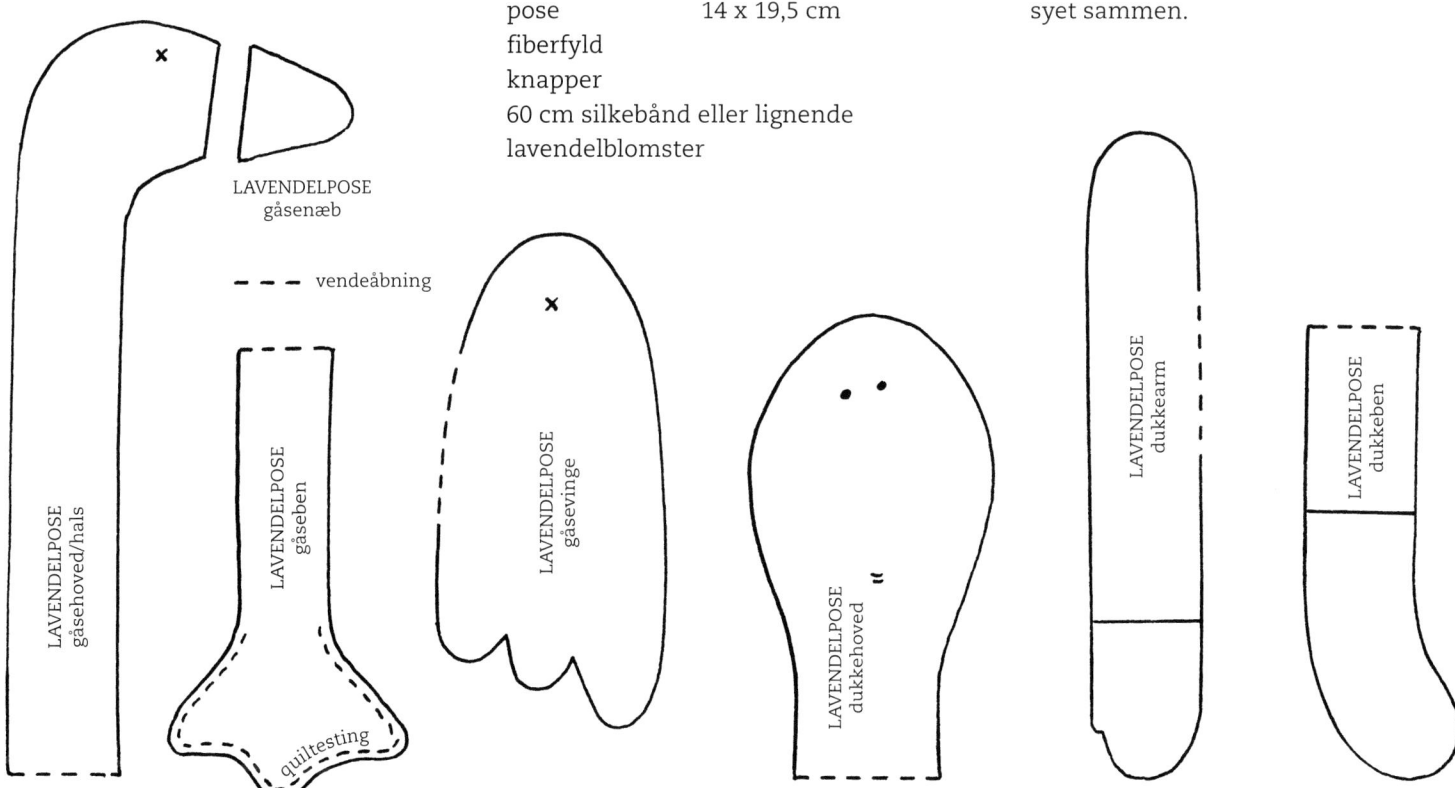

LAVENDELPOSE gåsenæb

vendeåbning

LAVENDELPOSE gåsehoved/hals

LAVENDELPOSE gåseben

quiltesting

LAVENDELPOSE gåsevinge

LAVENDELPOSE dukkehoved

LAVENDELPOSE dukkearm

LAVENDELPOSE dukkeben

Lavendelbuket 41

Disse velduftende lavendelbuketter, der før i tiden var en del af sommerens husflid, kan laves, hvis der bliver lavendler tilovers fra poserne på forrige side. Før buketterne evt. lægges i en skuffe, skal de tørres.

Buketterne flettes med 1 m lange gave- og satinbånd, eller der kan klippes et 15-30 mm bredt bånd af et sødt stykke stof – kanterne foldes ind og presses, så båndet bliver halvt så bredt.

- Pluk tredive friske lavendler af samme længde, træk blade og sideskud af stilkene og saml dem to og to med tape ved de yderste stilkender.
- Saml de femten par til en buket og bind flettebåndet stramt lige under blomsterhovederne, se tegning 1.
- Vend buketten og bøj forsigtigt stilkene ned omkring blomsterhovederne og flet over et par stilke og under et par stilke, se tegning 2.
- Gentag, så langt båndet rækker og stop evt. efter med lidt løse blomster.
- Hæft ende og afslut med en pyntesløjfe, der bindes med et nyt stykke bånd.
- Klip til sidst stilkenderne med tapen af.

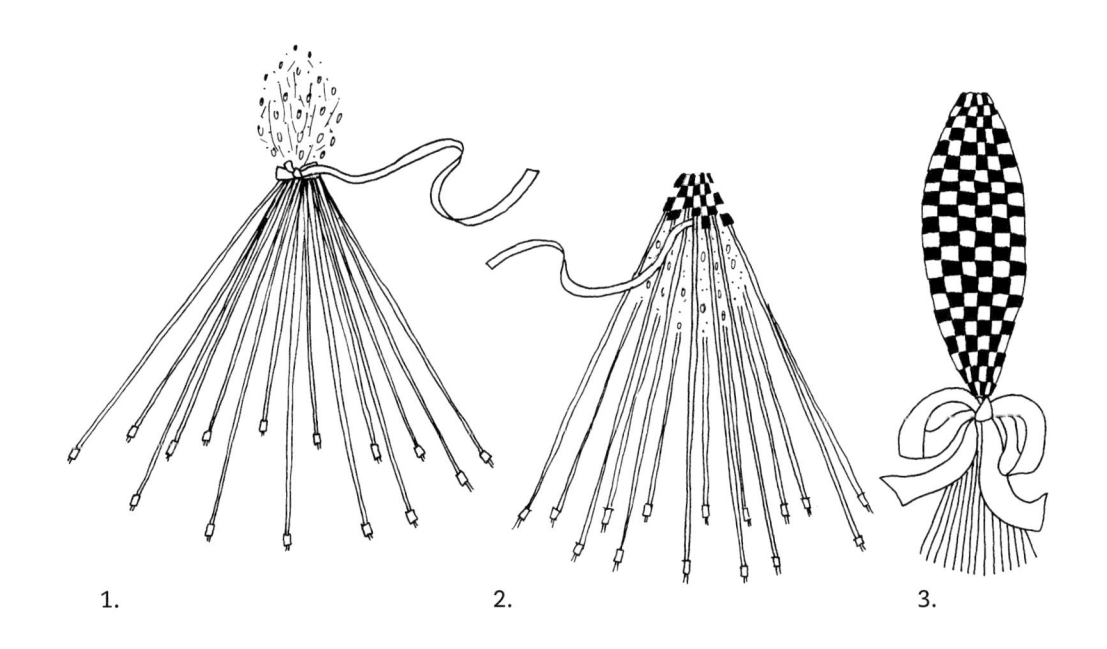

1.

2.

3.

Lavandula angustifolia.

Lavendelposer s. 39. Lavendelbuketter s. 40. Bøjle med stofbetræk s. 42.

Bøjle med stofbetræk 31 41

På et par af bogens billeder ses en stofbetrukket bøjle med små knapper, der kan bruges til at hænge flere af bogens modeller på. Antallet af knapper afhænger af formålet.

Stofforbrug og materialer
stof ca.   14,5 x 47,5 cm
volumenvlies 14,5 x 45,5 cm
en bøjle
evt. knapper

- Tegn bøjlens halve omrids på pap eller skabelonplast som vist på tegning 1 og tillæg ca. 5 mm afhængigt af bøjlens tykkelse.
- Klip skabelonen ud.
- Fold 10 mm om til vrangen langs stoffets korte ender og stryg volumenvlies på vrangen som vist på tegning 2.
- Fold stoffet ret mod ret, så det længste mål halveres, og tegn to »bøjlehalvdele« efter skabelonen.
- Sy i den tegnede streg som vist på tegning 3.
- Klip ud med 3 mm sømrum og vend retsiden ud.
- Træk de to halve betrækdele på bøjlen og sy sammen i hånden.
- Sy evt. knapper på som vist på tegning 4.

Metalkrogen på en ny bøjle skinner ret meget, men det kan »dæmpes« ved at duppe den med en smule, f.eks. grøn og brun, hobbyfarve.

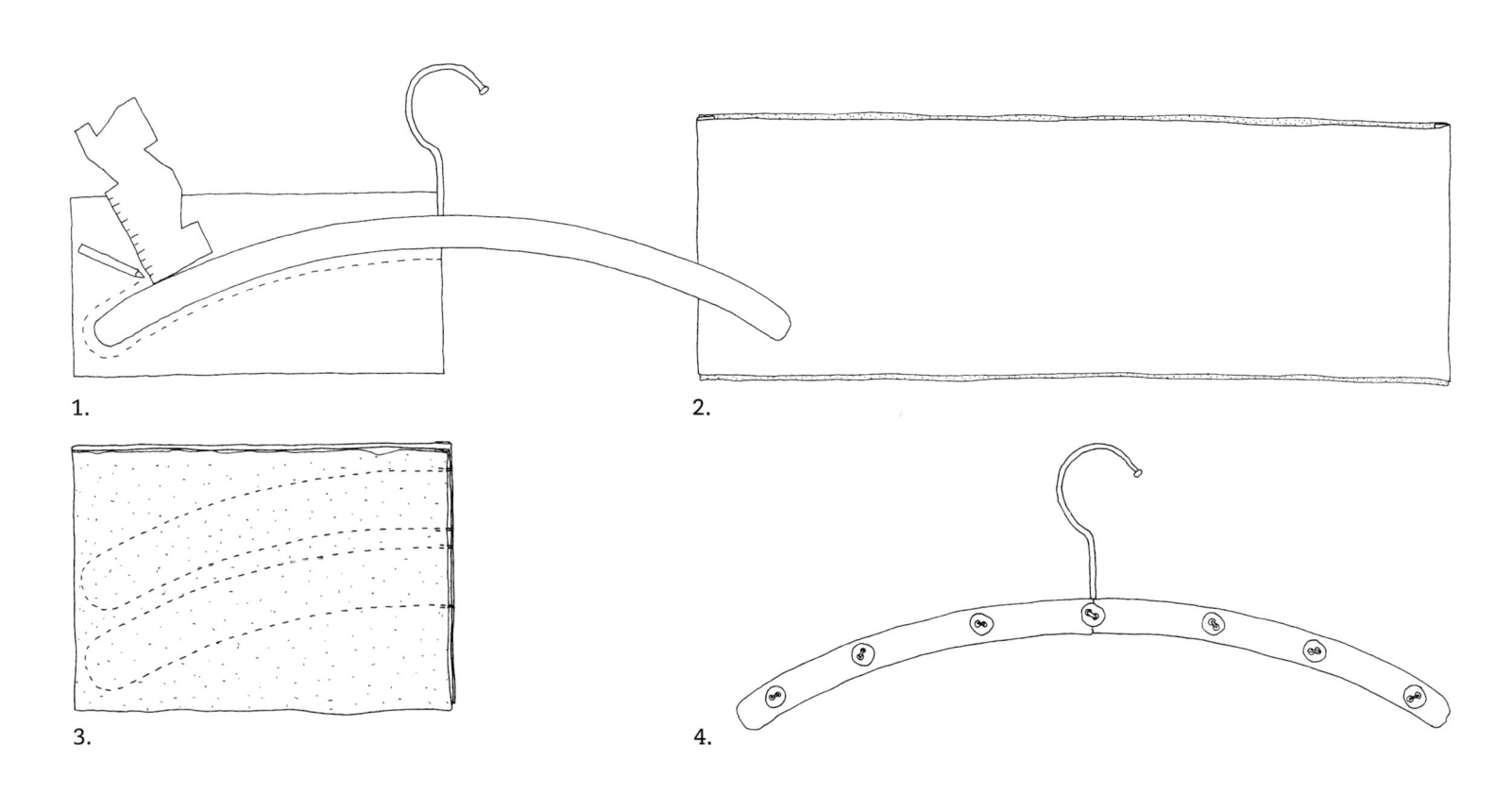

1.

2.

3.

4.

Høns og kyllinger 45 49 51

Høns og kyllinger er med deres buttede udseende herlige motiver, og her er de brugt til en køkkenserie bestående af tehætte, dækkeservietter, æggevarmere, grydelapper og duftbrikker.

Dækkeservietten og tehætten sys efter samme mønsterdele. Af pladshensyn er skabelonen til kroppen kun vist som en halv skabelon, men det er en fordel at tegne den op i »hel figur«.

I alle beskrivelserne foreslås quiltevat, men det kan snildt erstattes af volumenvlies. Mønsteret findes på side 52-55.

Næb, kam og halefjer

Delene til de forskellige modeller er i varierende størrelser, men de sys grundlæggende på samme måde. Dog er kammen og halefjerene til æggevarmerkyllingerne så små, at de sys uden quiltevat, men stoppes med fyld.

- Fold stofstykkerne ret mod ret og tegn et næb, to-fire kamlapper og én-tre halefjer på vrangsiden. Som det fremgår af tegning 1, skal kamlapperne og halefjerene tegnes til kant, mens næbbet tegnes med stof på alle fire sider. Bemærk, at der til æggevarmeren (se side 48) kun bruges et kam- og et halefjersstykke.
- Læg quiltevat under og sy i de tegnede streger som vist på tegning 1 og 2.
- Klip alle dele ud med 3 mm sømrum som vist på tegning 3, dog 5 mm ud for næbbets vendeåbning.
- Vend retsiden på alle dele ud og sy næbbets vendeåbning til.
- Quilt snirkler på kamlapperne og halefjerene eller sy rundt i kanten med f.eks. knaphulssting, se tegning 4.

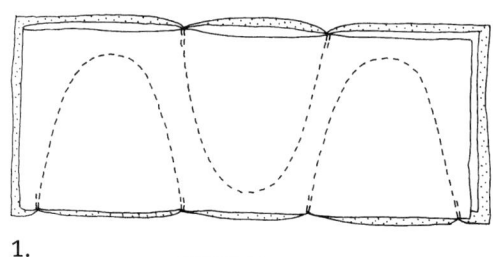

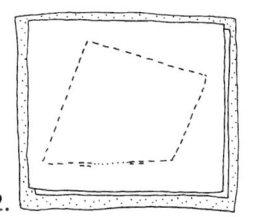

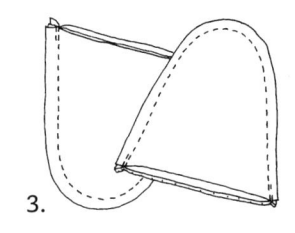

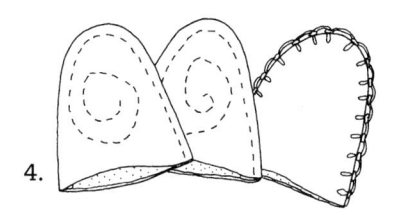

1.

2.

3.

4.

Dækkeserviet

Mønsteret findes på side 52 og 53.

Stofforbrug og materialer

fjerkant   12 x 34,5 cm
krop   30,5 x 69 cm
quiltevat 6 x 34,5 cm og 30,5 x 34,5 cm
stofrester til næb, kam og hale
to knapper

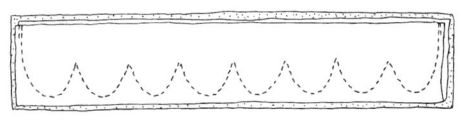

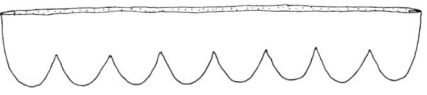

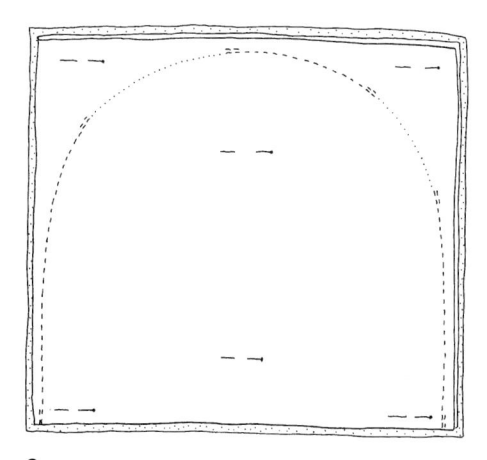

- Fold stoffet til fjerkanten ret mod ret, så det korte mål halveres, og tegn en fjerkant med otte fjer, se tegning 1.
- Læg quiltevattet under og sy i den tegnede streg.
- Klip fjerkanten til med et 3 mm sømrum og klip små hak ved spidserne.
- Vend retsiden ud og pres kanten, se tegning 2.
- Sy et næb, fire kamlapper og tre halefjer som forklaret på forrige side.
- Fold stoffet til kroppen ret mod ret, så det længste mål halveres, og tegn kroppen på vrangsiden som vist på tegning 3.
- Læg quiltevat under stoffet, hold lagene sammen med knappenåle og sy i den tegnede streg med åbninger til kam og halefjer – den lige kant sys ikke.
- Læg fjerkanten ret mod ret ind i kroppen som vist på tegning 4 og sy den fast med en trykfods sømrum.
- Klip ud med 3 mm sømrum, dog 5 mm ud for åbningerne til kammen og halefjerene, se tegning 5.
- Klip quiltevattet ud for åbningerne væk, se tegning 5.
- Rids og fingerpres sømrummene ud for åbningerne mod vrangsiden.
- Vend retsiden ud og pres.
- Placer kammen og halefjerene og sy til med sømmesting både for og bag.
- Sæt næbbet på plads og sy det fast med quiltesting.
- Sy to knapper på som øjne.
- Ri med store sting et kryds over kroppen igennem alle lag og appliker og/eller quilt som beskrevet på side 46.

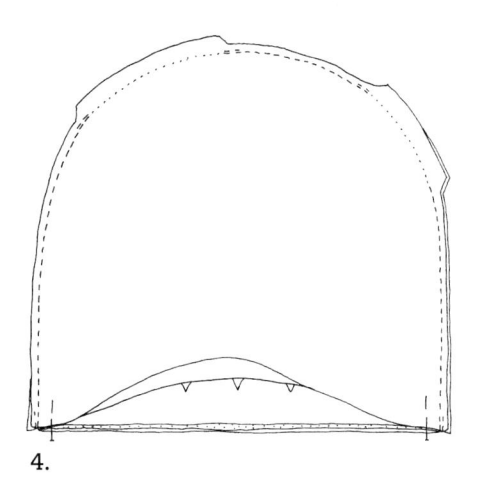

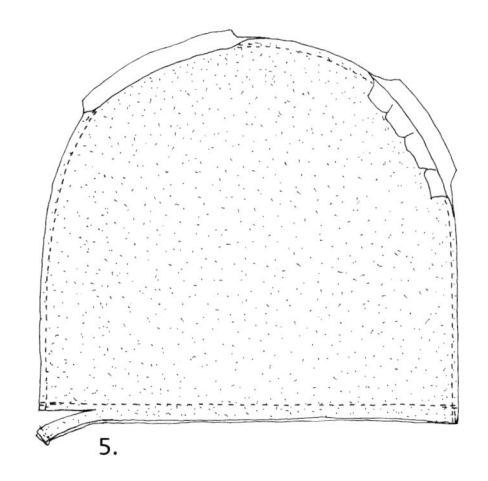

1.

2.

3.

4.

5.

Høns og kyllinger s. 43 – dækkeserviet s. 44, tehætte og æggevarmere s. 48. Solsikke s. 23.

Applikation og quilt

Applikations- og quiltteknikken forklares på side 9 og 11. Her beskrives, hvordan det snirklede quiltemønster kan tegnes op på dækkeservietten, grydelappen, tehætten og duftbrikken.

- Læg ritråd eller anden smidig snor i snirkler på hønsekroppen til at tegne efter.
- Begynd og slut ved siden af næbbet og form ellers tråden i bløde buer med løkker jævnt fordelt.
- Tegn løkkerne blødt op med en kridtblyant og sy med quiltesting.
- Appliker eller quilt et eller flere hjerter ind over den optegnede quiltelinie, se tegning 1 og 2 og billederne på side 45, 49 og 51.
- Børst til sidst kridtstregerne væk.

Tegning 3 viser et forslag til en tekst, der kan quiltes på. Teksten nedenfor passer til en grydelap, men skal den bruges til en dækkeserviet eller tehætte, må den forstørres til 180% på en kopimaskine.

at være en høne

1.

2.

3.

Duftbrikker

Små bordskånere, der passer til en enkelt kop te eller kaffe, kan fyldes med en god teskefuld duftende urte- eller julete. Varmen fra koppen vil »åbne« for en stemningsfuld duft.

Brikkerne kan have form som en høne (se mønsteret på side 55), et hjerte eller en stjerne – her bruges de største mønstre på side 58, 59 og 60. Stofforbruget til hjertet og stjernen er 19 x 37 cm og et stykke volumenvlies på 19 x 18,5 cm samt lidt stofrester til eventuel applikation.

Stofforbrug til høns

stof   14 x 26 cm
volumenvlies 14 x 13 cm
mindre stykker til næb, kam, hale og hjerter

- Fold stoffet ret mod ret, så det længste mål halveres.
- Stryg volumenvlies bagpå og tegn delene op.
- Sy som forklaret ved vrangsyningsmetoden på side 8 og vend retsiden ud.
- Drys »duften« ind igennem vendeåbningen, placer kam og halefjer og sy til med sømmesting både for og bag.
- Appliker næbbet på og sy øjne med franske knuder.
- Quilt og/eller appliker hjerter og andre snirklerier på brikkerne.

Grydelap

Mønsteret findes på side 54.

Stofforbrug og materialer
stof 21 x 40 cm
quiltevat 21 x 20 cm
strop 4 x 15 cm
to knapper

- Grydelappen sys på samme måde som dækkeservietten, se side 44. Her skal der dog ikke sys løse fjer på forneden, se tegning 1.
- Fold en strop som vist på tegning 2.
- Placer stropen som markeret på mønsterdelen og sy den fast, inden grydelappen vendes.
- Klip sømrummet ud for stroppen ind til 3 mm.

Tehætte og æggevarmer

På billedet side 45 ses, hvordan tehættens bagside ser ud. Mønstrene findes på side 52, 53 og 55.

Stofforbrug og materialer til tehætte
yderhætte 30,5 x 69 cm
quiltevat 30,5 x 69 cm
foerhætte 30,5 x 69 cm
quiltevat 30,5 x 69 cm
kantebånd 7 x 68,5 cm
to knapper

Stofforbrug og materialer til æggevarmer
yderhætte 9,5 x 21 cm
foerhætte 9,5 x 21 cm
quiltevat 9,5 x 21 cm
fiberfyld
kantebånd 6,25 x 20 cm
to knapper eller perler

- Sy næb, kam og halefjer som forklaret på side 43. Bemærk, at kammen og halefjerene til æggevarmeren er så små, at de sys uden quiltevat, men stoppes med fyld.
- Fold stoffet til yder- og foerhætten ret mod ret, så det længste mål halveres.
- Læg quiltevattet omkring og hold lagene sammen med knappenåle. Bemærk, at der ikke skal lægges quiltevat omkring æggevarmerens yderhætte.
- Tegn yder- og foerhætten som vist på tegningerne nedenfor.
- Klip sømrummet ind til 3 mm, dog 5 mm ud for åbningerne til kammen og halefjerene.

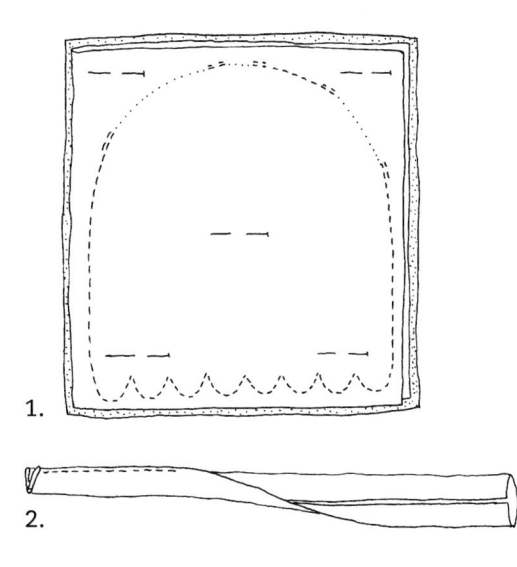

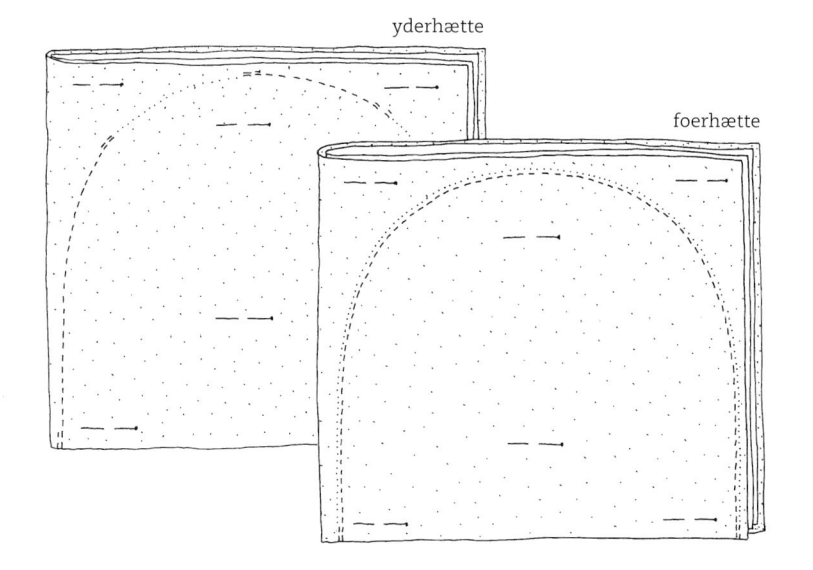

Høns og kyllinger s. 43 – dækkeserviet s. 44, grydelapper s. 48 og duftbrikker s. 47.

- Klip quiltevattet ud for åbningerne væk.
- Rids og fingerpres sømrummene ud for åbningerne mod vrangsiden.
- Vend retsiden på yderhætten ud, placer kammen og halefjerene og hold dem på plads med knappenåle.
- Vend vrangen ud og sy delene fast.
- Klip sømrummet ind til 3 mm.
- Vend igen retsiden ud og skub foerhætten på plads.
- Ri delene sammen med store sting eller sæt evt. sikkerhedsnåle i.
- Placer næbbet og sy det fast med quiltesting.
- Sy to knapper eller perler på som øjne.
- Pres en fold på kantebåndet, så bredden halveres, se tegning 1.
- Åbn folden igen, læg stoffet ret mod ret og sy de korte ender sammen med en trykfods sømrum, se tegning 2.
- Fold igen kantebåndet i folden som vist på tegning 3, læg det ind i hætten og sy det fast med en trykfods sømrum, se tegning 4.
- Fold båndet om til retsiden og sy det fast med sømmesting, så stikningen skjules, se tegning 5.
- Appliker evt. et stort hjerte (se side 58) på hønens forside, et mellemstort hjerte på ryggen (se billedet side 45) og quilt evt. som forklaret på side 46.

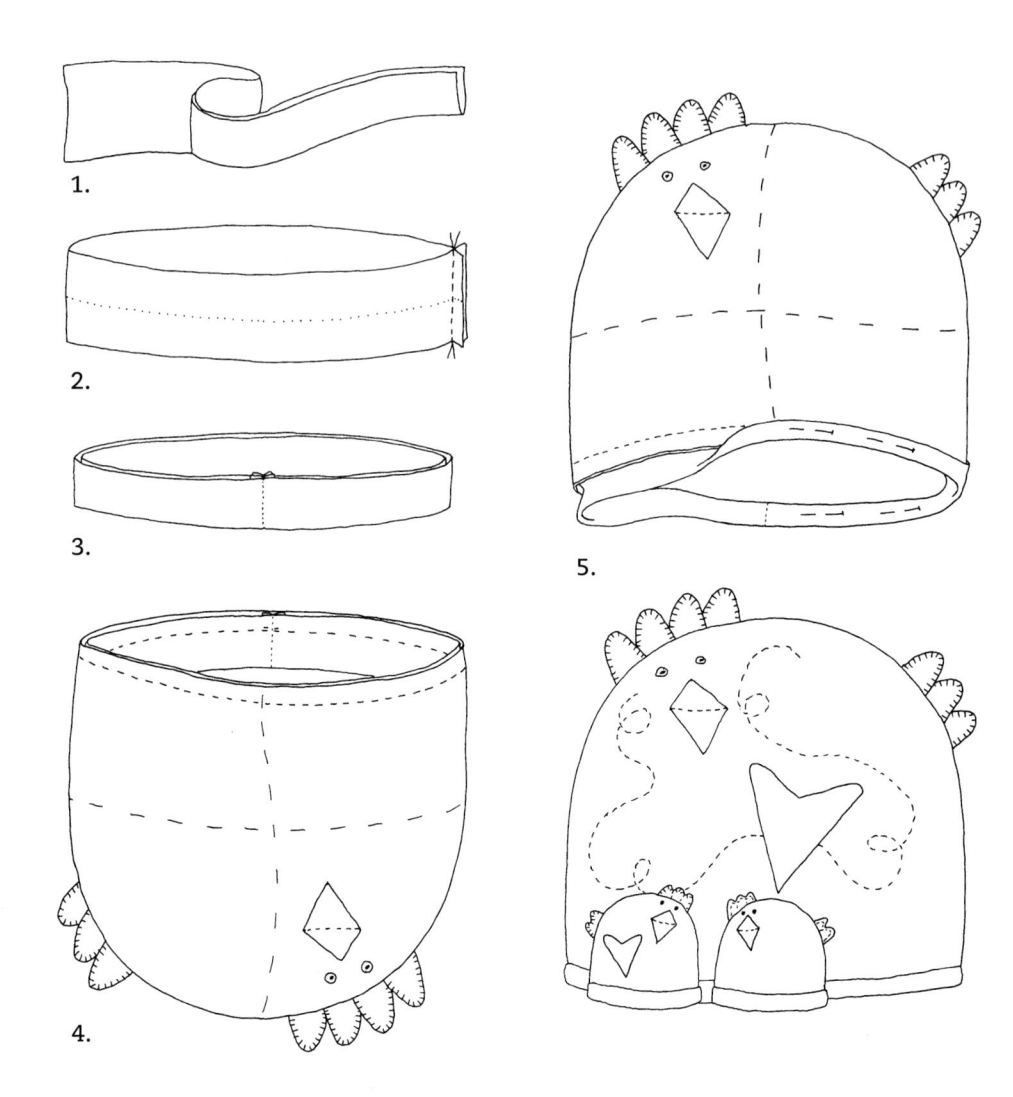

1.

2.

3.

4.

5.

Høns og kyllinger s. 43 – tehætte og æggevarmere s. 48.

DÆKKESERVIET
OG TEHÆTTE
kam og
halefjer

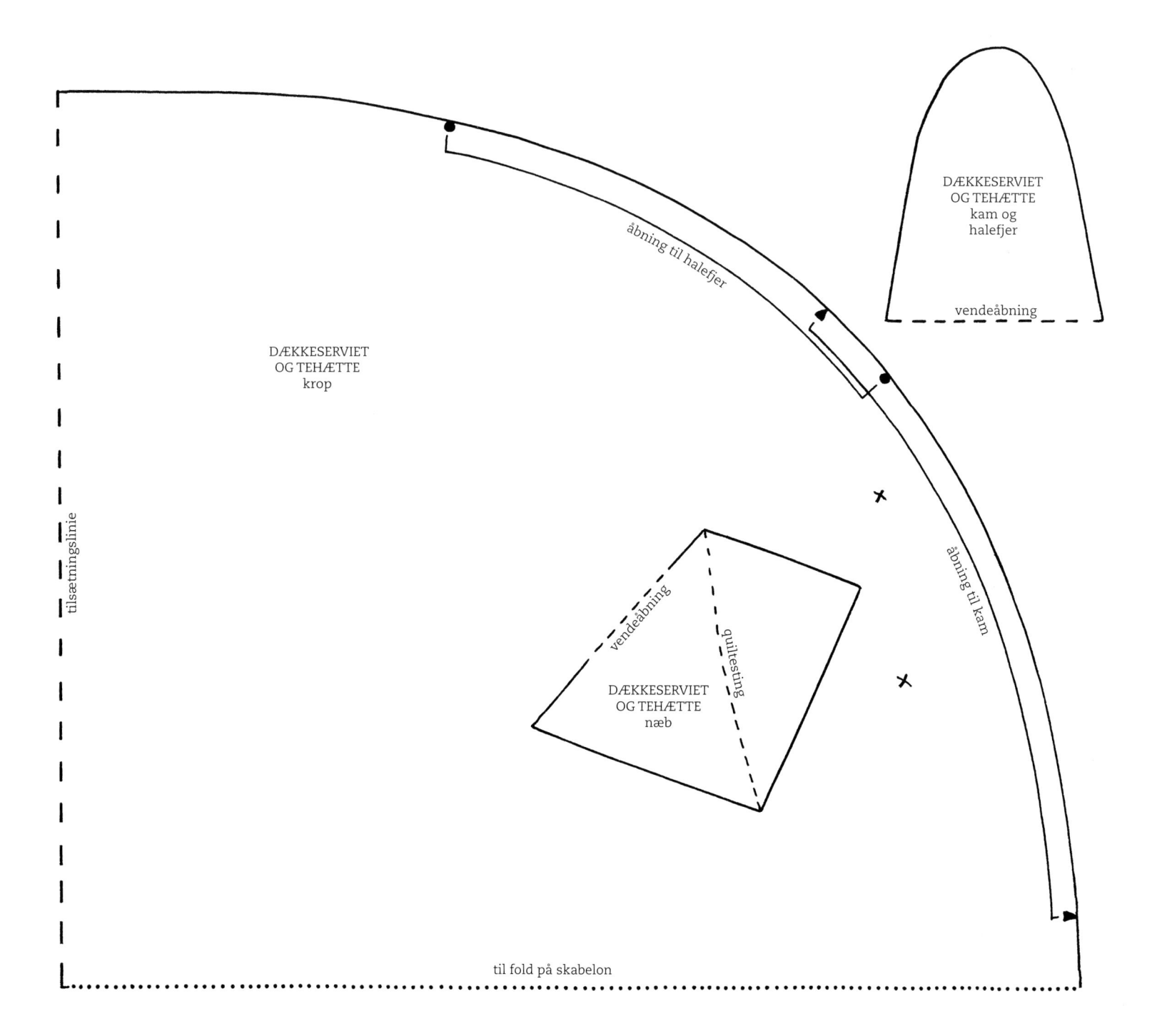

vendeåbning

åbning til halefjer

DÆKKESERVIET
OG TEHÆTTE
krop

åbning til kam

tilsætningslinie

vendeåbning

quiltesting

DÆKKESERVIET
OG TEHÆTTE
næb

til fold på skabelon

DÆKKESERVIET
løs fjerkant

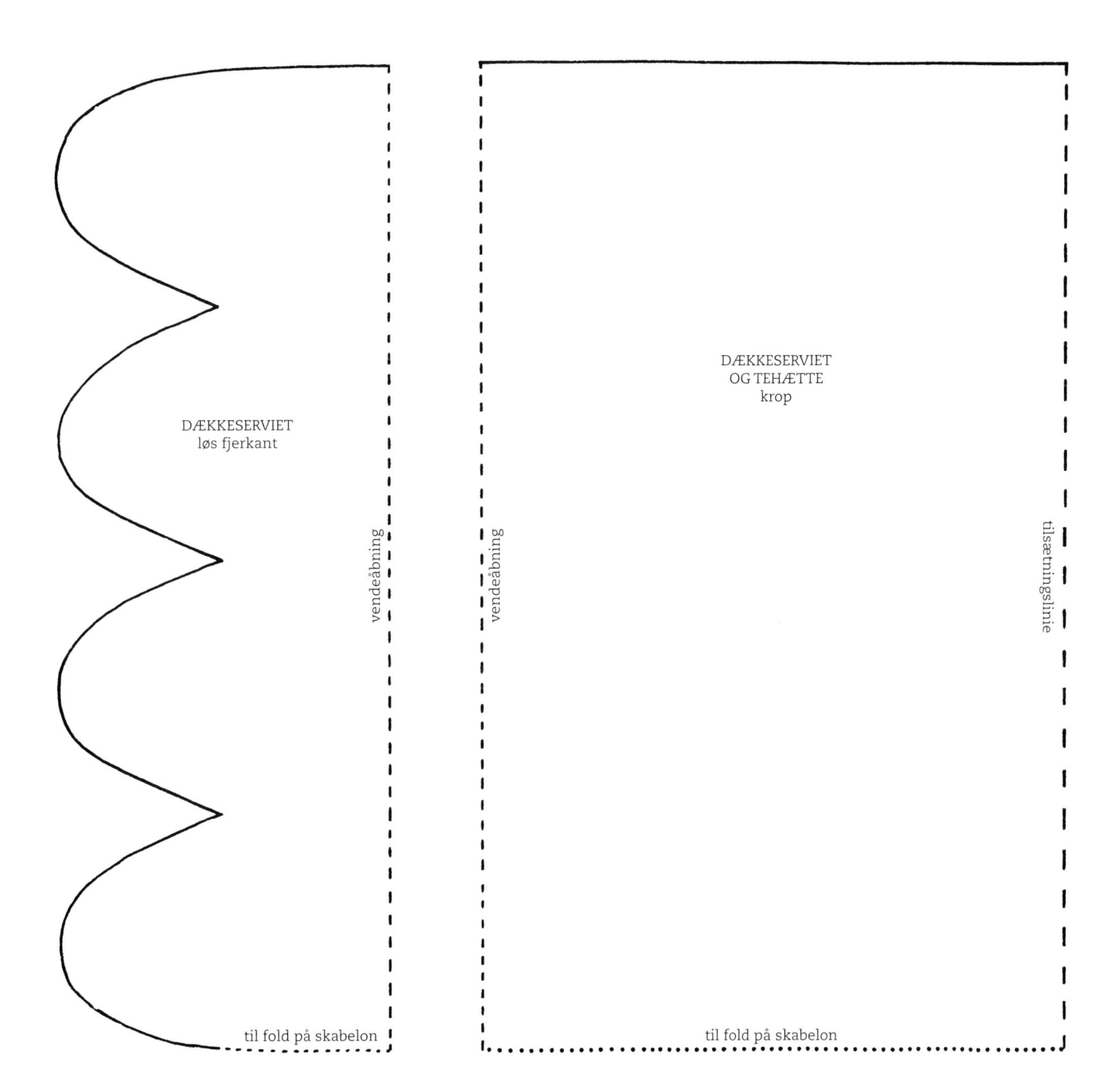

vendeåbning

til fold på skabelon

DÆKKESERVIET
OG TEHÆTTE
krop

vendeåbning

tilsætningslinie

til fold på skabelon

GRYDELAP
krop

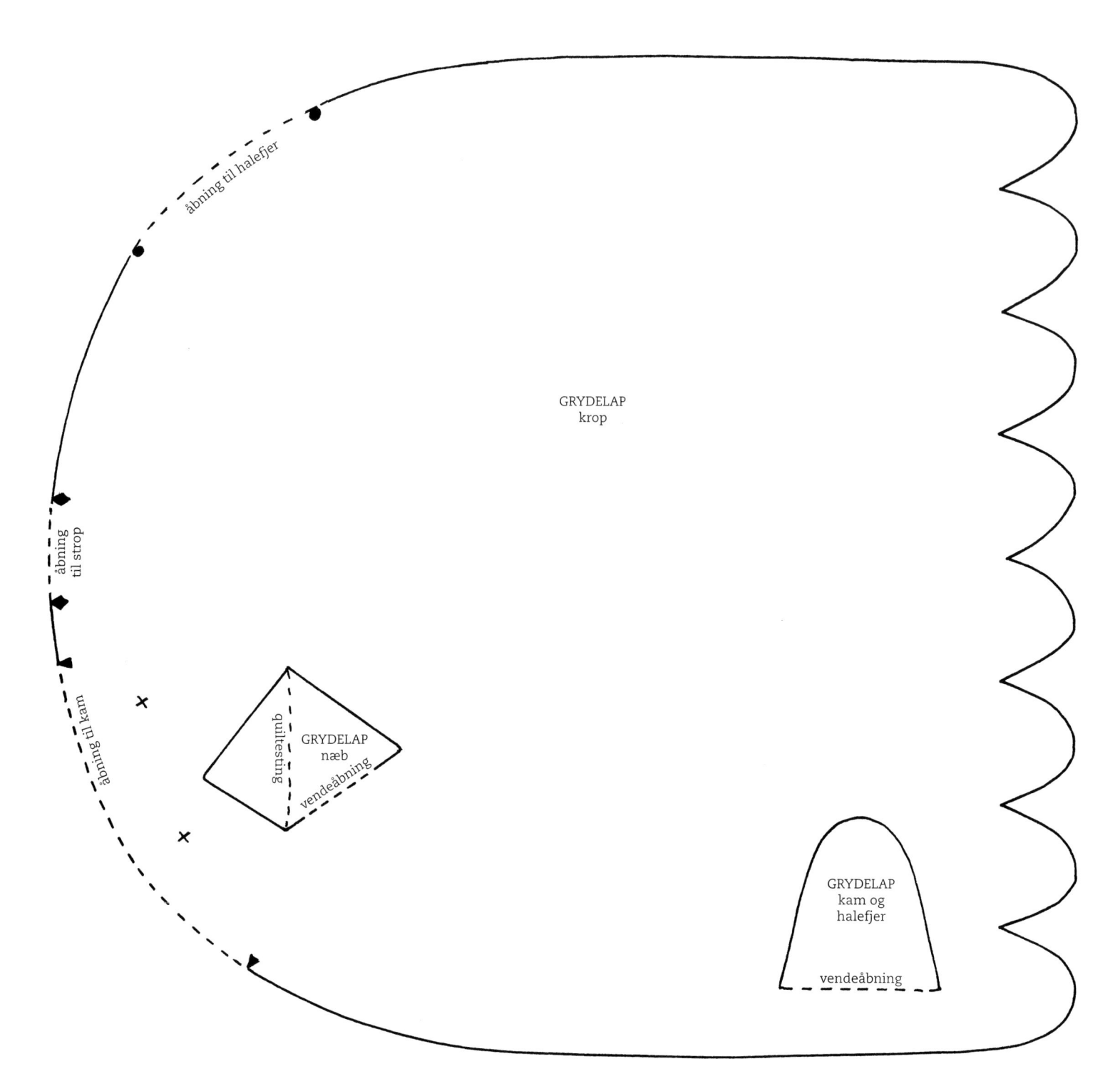

åbning til halefjer

åbning til strop

åbning til kam

quiltesting

GRYDELAP
næb

vendeåbning

GRYDELAP
kam og
halefjer

vendeåbning

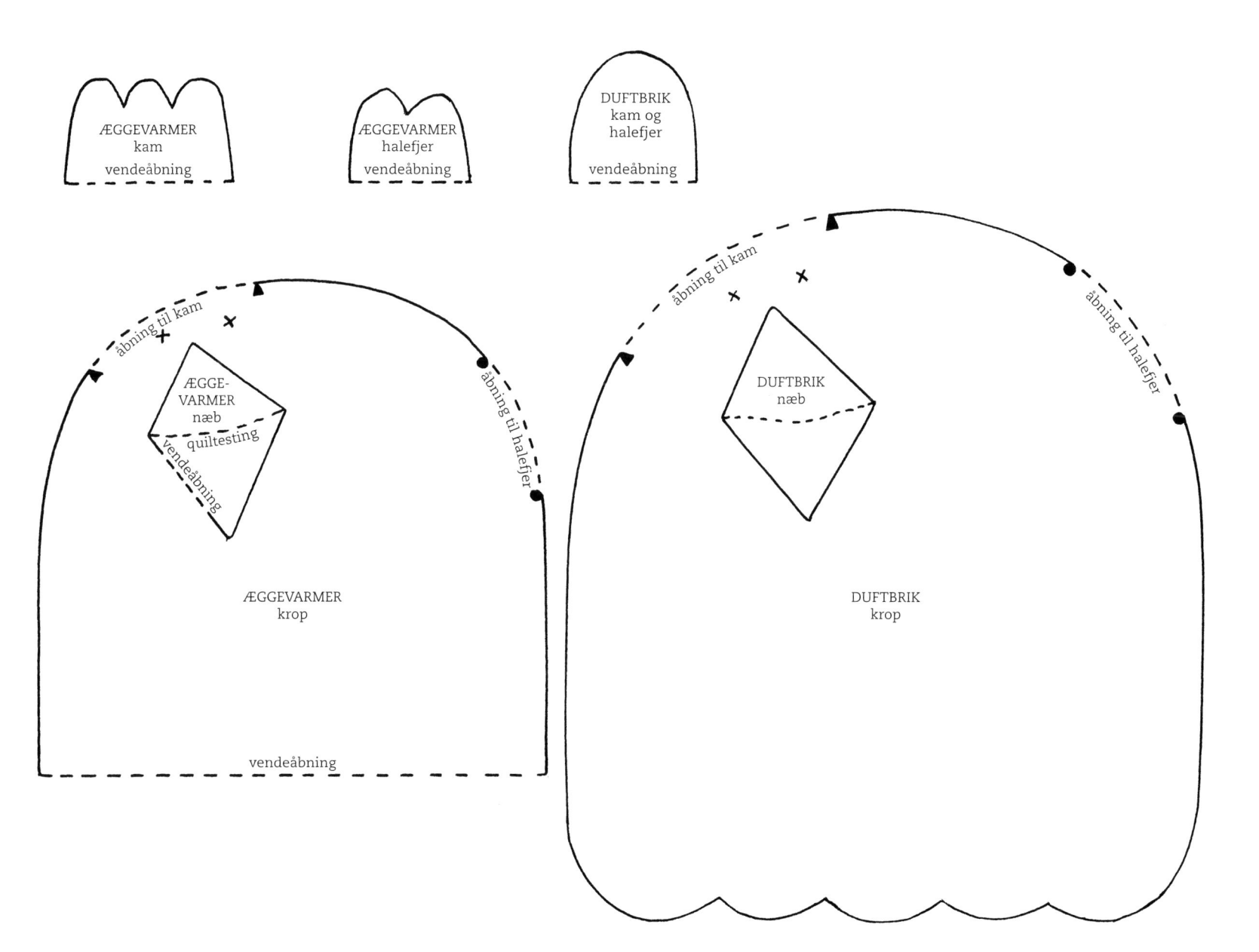

ÆGGEVARMER
kam
vendeåbning

ÆGGEVARMER
halefjer
vendeåbning

DUFTBRIK
kam og halefjer
vendeåbning

åbning til kam

åbning til halefjer

ÆGGE-
VARMER
næb
quiltesting
vendeåbning

ÆGGEVARMER
krop

vendeåbning

åbning til kam

åbning til halefjer

DUFTBRIK
næb

DUFTBRIK
krop

Hjerter og stjerner 57

Hjerter og stjerner i forskellige størrelser er brugt rundt omkring som f.eks. duftbrikker (se side 47), som pynt og som uroer, se side 62. Både hjerter og stjerner kan sys af stofrester.

Mønstrene findes på side 58-60.

Hjerter og ensfarvede stjerner

- Sy hjerter og ensfarvede stjerner efter vrangsyningsmetoden (se side 8) og sy evt. pyntesting.

Tofarvede stjerner

- Sy stjernens to dele efter vrangsyningsmetoden (se side 8) – bemærk, at den største del har to åbninger.
- Stop den lille del med fyld og placer den i den store.
- Stop de tomme spidser med fyld.
- Sy åbningerne til med sømme- eller pyntesting.

Chokoladekage 57

Der skal også være plads til en hjemmebagt kage, så her kommer en nem og hurtig opskrift.

260 g hvedemel
260 g sukker
5 spsk kakao
1 dl kokosmel
1,5 tsk bagepulver
225 g smør
100 g chokolade
3 æg
2,5 dl mælk

- Tænd ovnen på 190 grader.
- Smør en springform med randindsats grundigt og drys med rasp.
- Bland alle de tørre ingredienser grundigt i en røreskål.
- Smelt smør og chokolade ved svag varme.
- Rør æg og mælk sammen.
- Rør æggeblandingen og derefter smør- og chokoladeblandingen i de tørre ingredienser lidt efter lidt.
- Fyld dejen i formen og bag kagen nederst i ovnen i ca. 1 time.
- Pynt evt. kagen med halve mandler, hakket chokolade, tørrede abrikoser og skivede stjerneformede carambolfrugter.
- Server evt. flødeskum til.

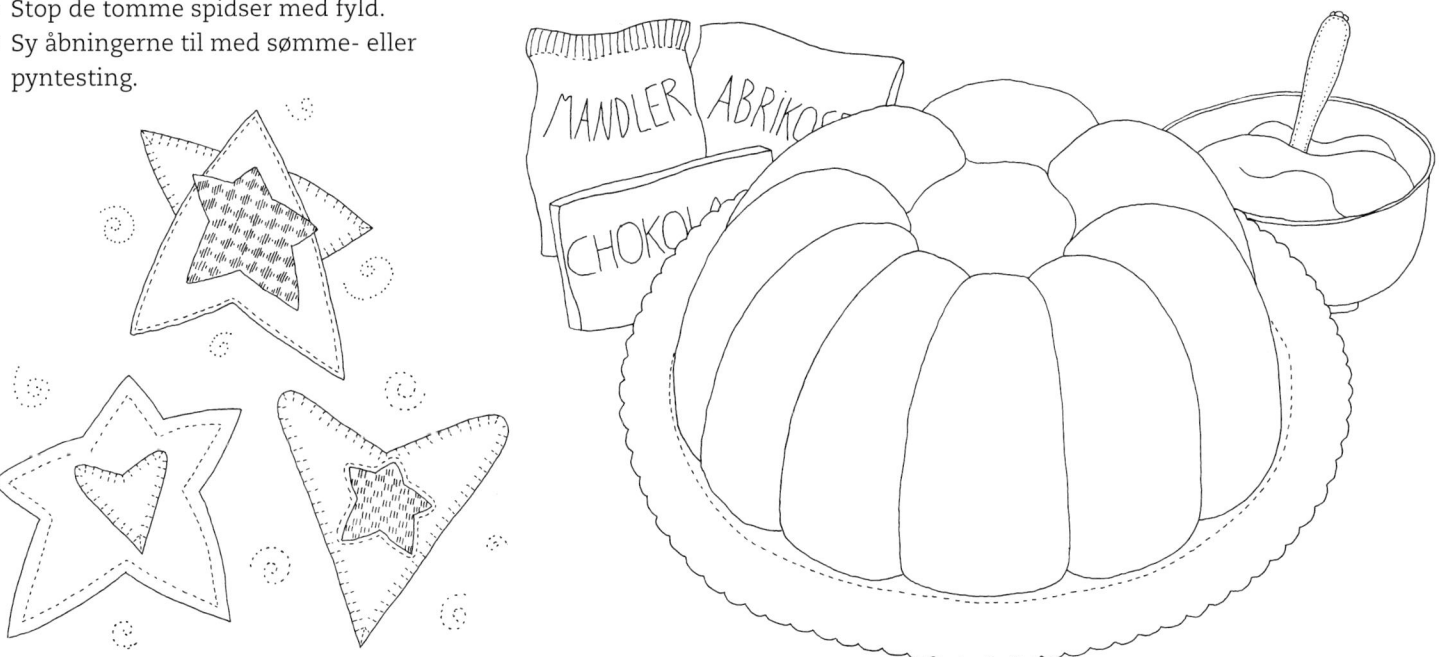

Hjerter og stjerner som duftbrikker, s. 47 og 56. Chokoladekage s. 56.

kæmpe
stor
mellem
lille
mini
HJERTE

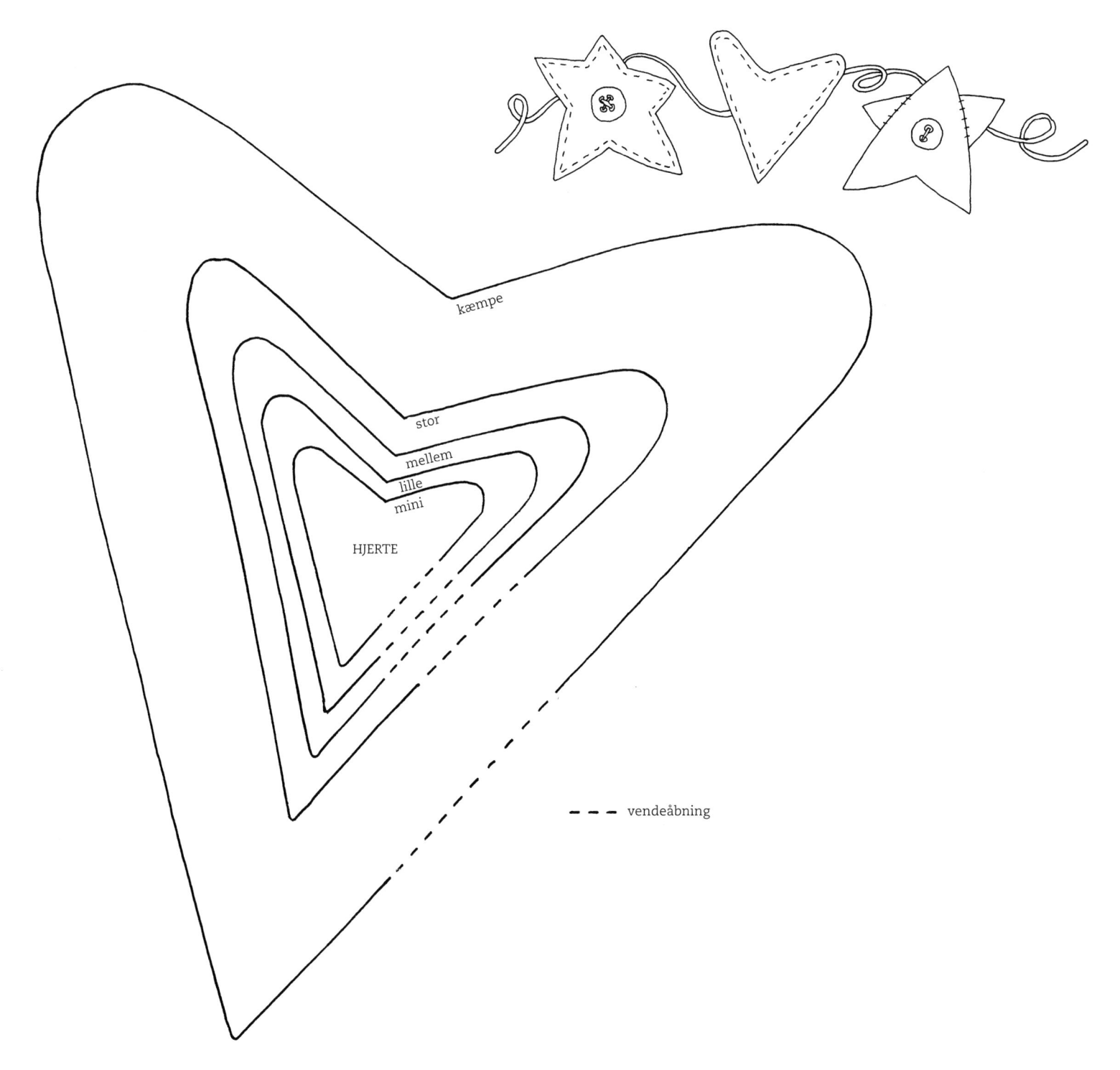

- - - vendeåbning

58

kæmpe
stor
mellem
lille
mini

ENSFARVET STJERNE

--- vendeåbning

59

TOFARVET STJERNE
stor del

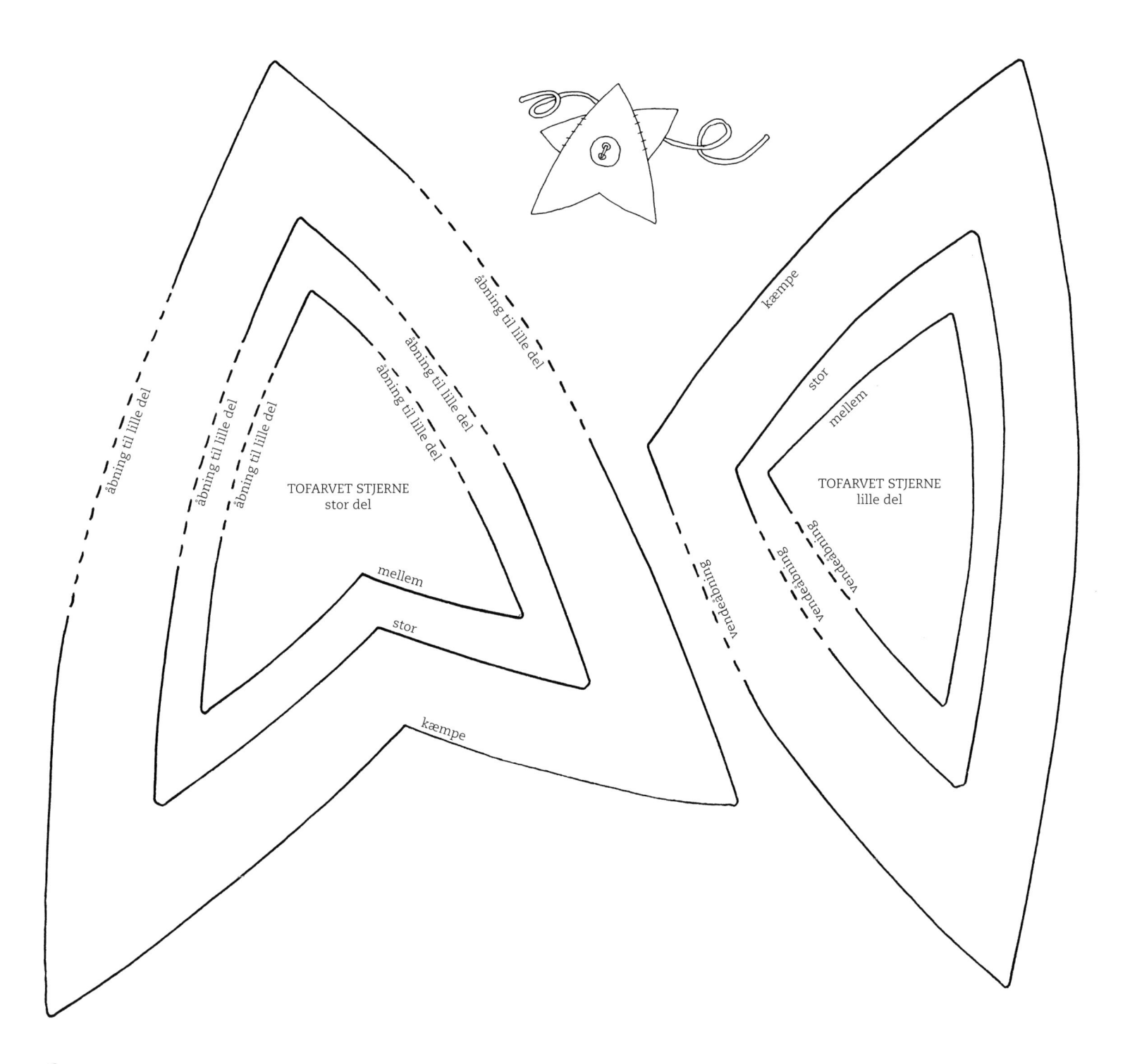

mellem
stor
kæmpe

åbning til lille del

TOFARVET STJERNE
lille del

kæmpe
stor
mellem

vendeåbning

Glansbilledengel 65 67 85

Englene kan f.eks. bruges til en uro eller et ophæng (se side 64 og 66) og en enkelt engel kan hænges op med en tråd i nakken, se billedet side 85.

Stofforbrug og materialer
ansigtsstrimmel   6,5 x 8,5 cm
vingestrimmel   6,5 x 32 cm
fiberfyld

- Fold strimlerne, så de længste mål halveres, og sy et ansigt og en vinge efter vrangsyningsmetoden, se side 8.
- Placer hovedet i vingens vendeåbning og stop evt. med lidt ekstra fiberfyld.
- Sy hovedet til med sømmesting.
- Sy ansigt og hår som forklaret på side 10.
- Quilt eller sy pyntesting på vingen.

vendeåbning

åbning til hoved

quiltesting

GLANSBILLEDENGEL
vinger

Uroer 63 65 67

Uroer kan f.eks. samles med hjerter, stjerner og glansbilledengle. Ophængningspindene saves af 10 mm tyk rundstok, bambuspinde eller naturgrene.

Lille uro med hjerter eller stjerner

Uroen samles af ni figurer, fordelt på tre rækker. Der bruges hjerter eller stjerner, se side 56-60.

- Afsæt mål på en 23 cm lang pind som vist på tegning 1 og bor evt. huller.
- Mål 10-20 cm sejlgarn eller metaltråd af til ophængningsøje og monter det som vist på tegning 2.
- Tråd en lang dukkenål med en ca. 40 cm lang snor og slå knude på enden.
- Stik nålen gennem en af de nederste figurer fra bunden og ud foroven, så snoren bliver skjult inden i figuren.
- Sy yderligere to figurer på snoren på samme måde.
- Lav i alt tre snore med figurer.
- Fordel figurerne, så rækken bliver ca. 23 cm lang, målt fra den nederste figurs spids op til pinden.
- Træk snorene igennem ophængningspindens huller og bind knuder oven for pinden eller drej enderne to-tre gange omkring pinden og lås med to-tre halve knuder som vist på tegning 3.

Det kan være en stor hjælp at tape både pind og de nederste figurer fast på bordet, mens figurrækkerne gøres fast til ophængningspinden.

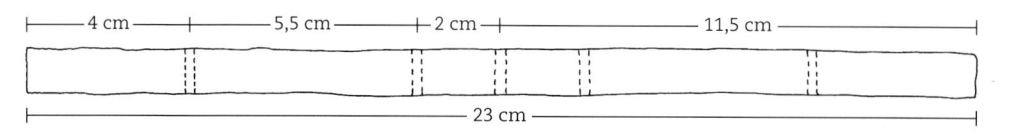

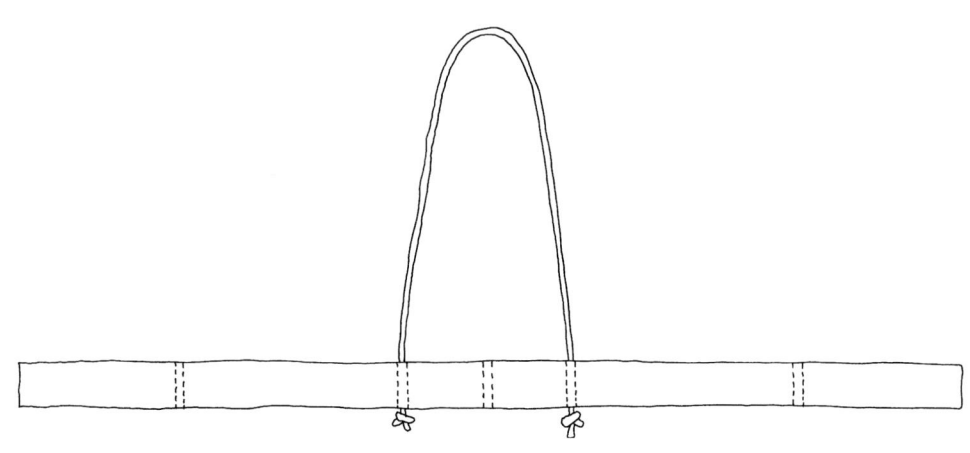

Lille uro med stjerner s. 62. Balletpiger s. 12.

Stor uro med glansbilledengle, hjerter eller stjerner

Uroen kan som vist på billedet f.eks. samles af fem engle, to hjerter og to stjerner, se side 56-61.

- Afsæt mål på en 42 cm lang pind som vist på tegning 1 og bor evt. huller.
- Mål 95 cm glat eller snoet (se side 7) metaltråd af og form et øje midt på tråden omkring en stump 15-20 mm tyk rundstok, se tegning 2.
- Sno trådenderne på hver side af øjet omkring rundstokken som vist på tegning 3.
- Træk figurerne på 55 cm lange snore som forklaret ved den forrige model.
- Fordel figurerne, så rækkerne bliver ca. 42 cm lange, målt fra den nederste figurs bund/spids op til pinden.
- Monter rækkerne på ophængningspinden som forklaret ved den forrige model.
- Fastgør metaltrådenderne i pindens yderste huller, som vist på tegning 4.
- Træk i snoningerne, så der dannes løkker og buer, og uroen kommer i balance.

1.
2.
3.
4.

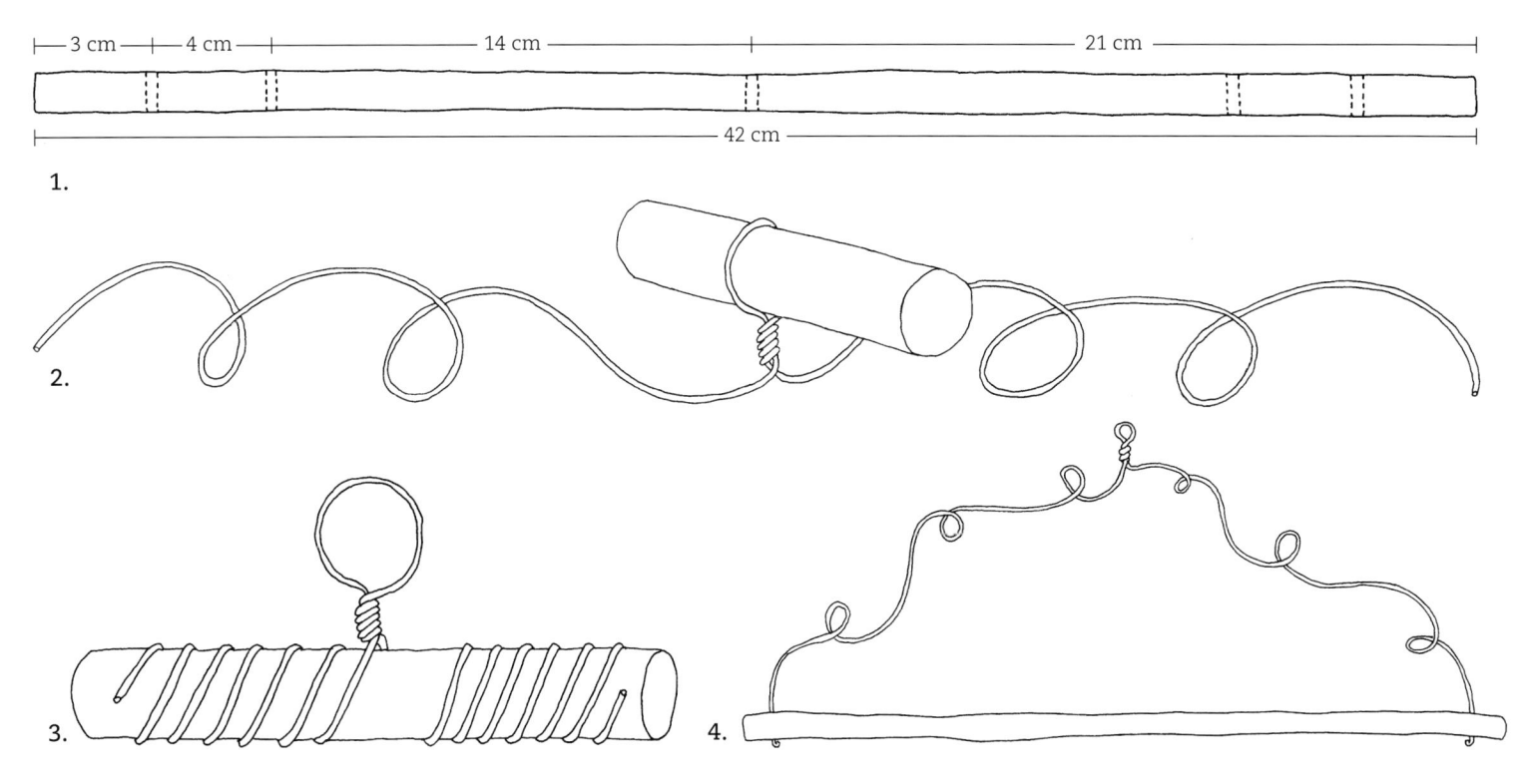

Stor uro med glansbilledengle, hjerter eller stjerner s. 64.

Ophæng med glansbilledengel og hjerte eller stjerne

Ophænget samles af en glansbilledengel (se side 61) og et mellemstort hjerte eller en mellemstor stjerne, se side 56-60. Desuden skal der bruges 65 cm glat eller snoet (se side 7) metaltråd.

- Form metaltråden som vist på tegning 2 og 3 på side 64.
- Træk i snoningerne, så der dannes løkker og buer.
- Sy metaltrådens ender fast på englens ryg som vist på tegningen nedenfor og sy et hjerte eller en stjerne fast et par steder på tråden.
- Træk ophænget i balance.

Ophængningsøjer

Ophængningsøjerne, der kan bruges til flere af bogens modeller – f.eks. uroer – kan varieres på mange måder. Øjerne kan drejes af snoet (se side 7) eller glat 1,5 mm ståltråd. De kan have kort eller lang stilk, med eller uden hjerter eller stjerner, og de kan være udstyret med krog forneden eller have et eller to ben.

Metode I

- Klip et stykke tråd på 20-30 cm, læg et stykke rundstok midt på tråden og kryds tråden stramt omkring den, se tegning 1 og 2.
- Hold på trådenderne og drej på rundstokken mindst tre-fire gange eller så langt, trådene rækker, se tegning 3.
- Del trådene (når der er drejet tre-fire gange rundt), så ophænget får to ben, se tegning 4, eller klip den ene trådende af, se tegning 5.
- Lim evt. et hjerte eller en stjerne af bly (se side 7) på stilken, se tegning 6 og 7.
- Form evt. en krog forneden.

Metode II

- Drej trådens ene ende i en spiral, se tegning 8.
- Pynt evt. som forklaret ovenfor.
- Form enden som en krog.

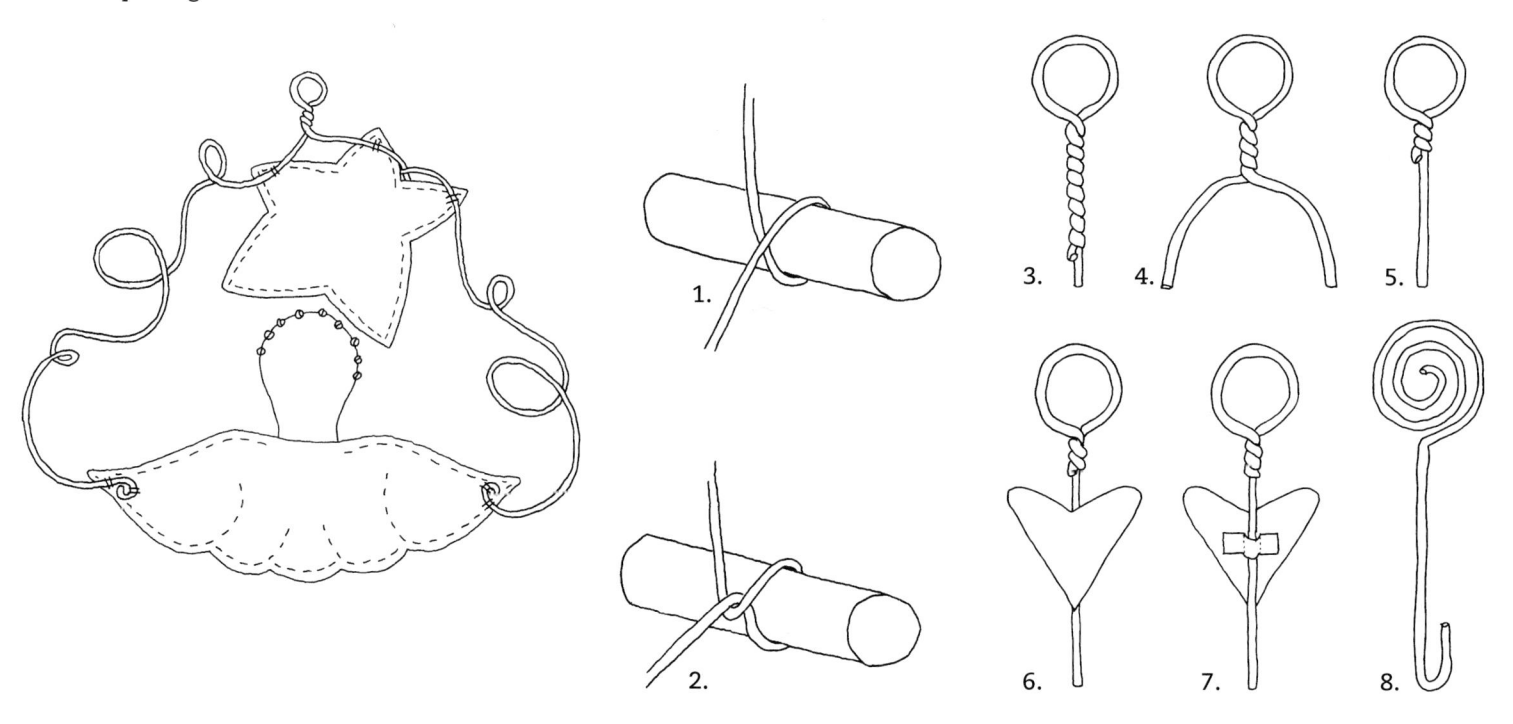

1.

2.

3.

4.

5.

6.

7.

8.

Ophæng med glansbilledengel og hjerte eller stjerne s. 66.

Engel i hel figur 69 85

En enkelt engel kan bruges til ophæng med en tråd i nakken, eller flere engle kan samles til en guirlande. Mønsteret findes på side 70.

Stofforbrug og materialer

ansigtsstrimmel 5 x 22 cm
kjolestrimmel 10,5 x 22 cm
vingestrimmel 7 x 10 cm
volumenvlies 3,5 x 10 cm
fiberfyld

- Sy ansigts- og kjolestrimlen sammen ret mod ret, se tegning 1.
- Åbn stoffet, pres sømrummet ned over kjolestrimlen, fold stoffet ret mod ret som vist på tegning 2 og tegn ansigt, kjole, to arme og to ben.
- Læg vingestoffet på bordet med vrangsiden op og stryg volumenvliesen på som vist på tegning 3.
- Fold stoffet ret mod ret, så det korteste mål halveres, og tegn vingen til fold, se tegning 3.
- Sy og klip som beskrevet ved vrangsyningsmetoden på side 8.
- Stop armene halvt med fyld, placer dem i kjolen og sy dem til med sømmesting.
- Stop ansigt/kjole og ben med fyld, placer benene i kjolens vendeåbning og sy dem til med sømmesting.
- Sy ansigt og hår som forklaret på side 10.
- Sy evt. pyntesting på vingen og sy den fast på englens ryg.

Engleguirlande

Guirlanden kan f.eks. samles af fem engle og seks mellemstore hjerter.

- Sy engle som netop forklaret.
- Sy hjerter (se side 56 og 58) til englenes fingerspidser.
- Sy ophængningstråd i de yderste hjerter.

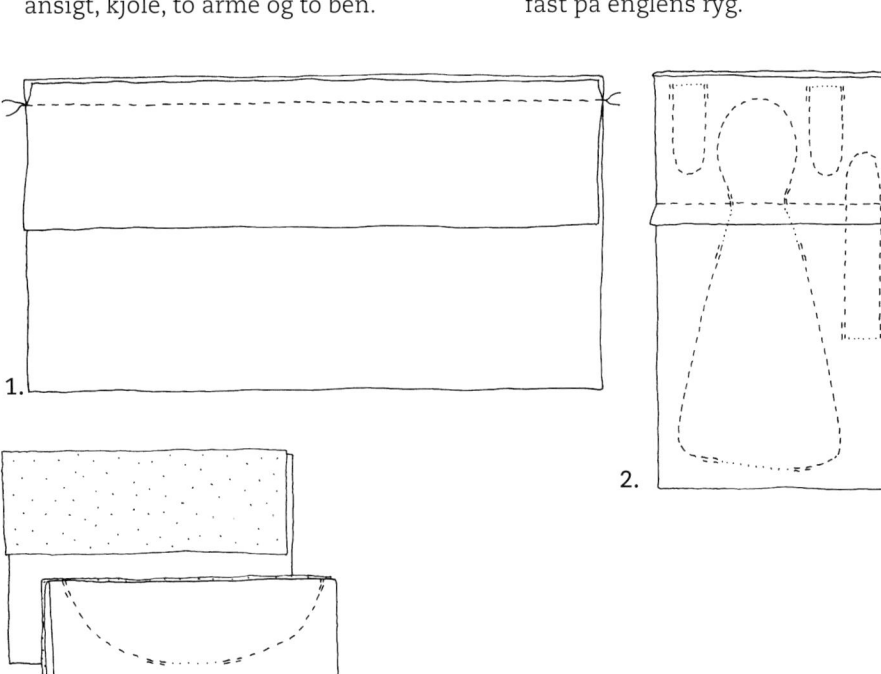

Engel i hel figur s.68. Engleguirlande s. 68.

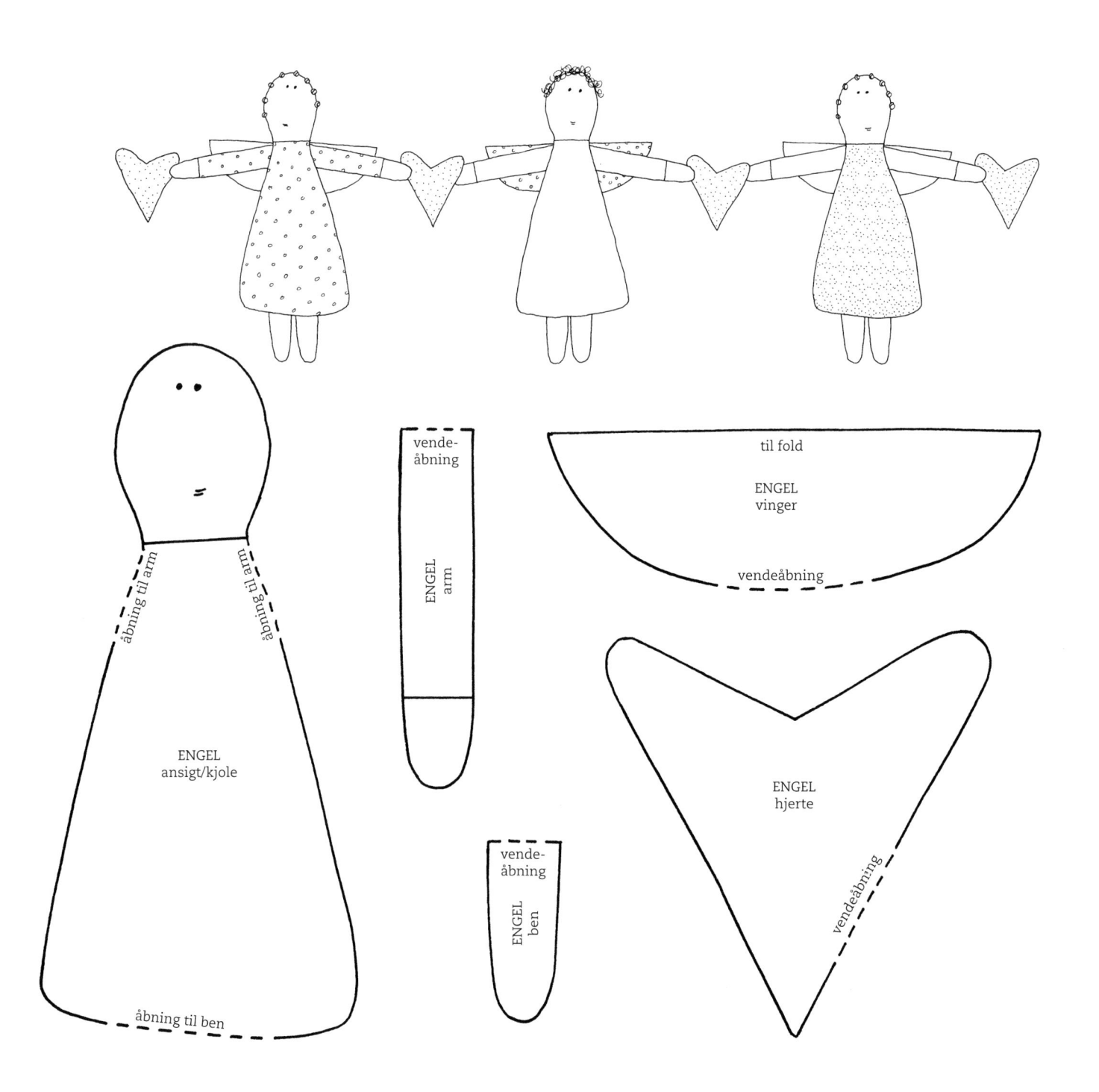

vendeåbning

ENGEL
arm

til fold

ENGEL
vinger

vendeåbning

åbning til arm

åbning til arm

ENGEL
ansigt/kjole

ENGEL
hjerte

vendeåbning

vendeåbning

ENGEL
ben

åbning til ben

Snemænd 73 81

Som det fremgår af billederne på side 73 og 81, kan snemændene udstyres med forskellige småting. Kokosfibre kan bruges til hår, og metaltråd drejet et par gange omkring et stykke rundstok eller lignende bliver et anderledes ophæng.

Mønsteret findes på side 74.

Stofforbrug og materialer
krop og arme   17 x 22 cm
filt til næse
fiberfyld
knapper
metaltråd til ophæng
kokosfibre til hår
strimler til luffer
   eller sokker   3 x 23 cm og 5,5 x 23 cm
træ   12 x 18 cm
rester til små hjerter og stjerner

- Fold stoffet ret mod ret, så det længste mål halveres.
- Sy og stop krop/hoved og arme som beskrevet ved vrangsyningsmetoden på side 8.
- Quilt hals- og mavelinier som markeret på mønsteret.
- Appliker filtnæsen på.
- Sy øjne, mund og »knapper« med franske knuder, se side 9.
- Sy armene på kroppen med knapper over.
- Form et ophæng som vist på tegningen nedenfor.
- Sy håret og ophænget fast.

Luffer eller sokker

- Sy strimlerne sammen ret mod ret og pres sømrummet ned mod den bredeste strimmel.
- Fold stoffet ret mod ret, så det længste mål halveres.
- Sy og stop lufferne eller sokkerne som forklaret ved vrangsyningsmetoden på side 8.
- Sy delene fast til snemandens hænder.

Der kan evt. sys små bjælder på som vist på billedet side 73.

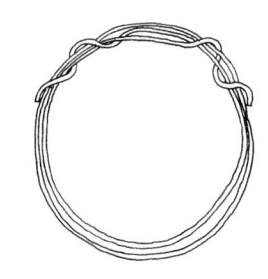

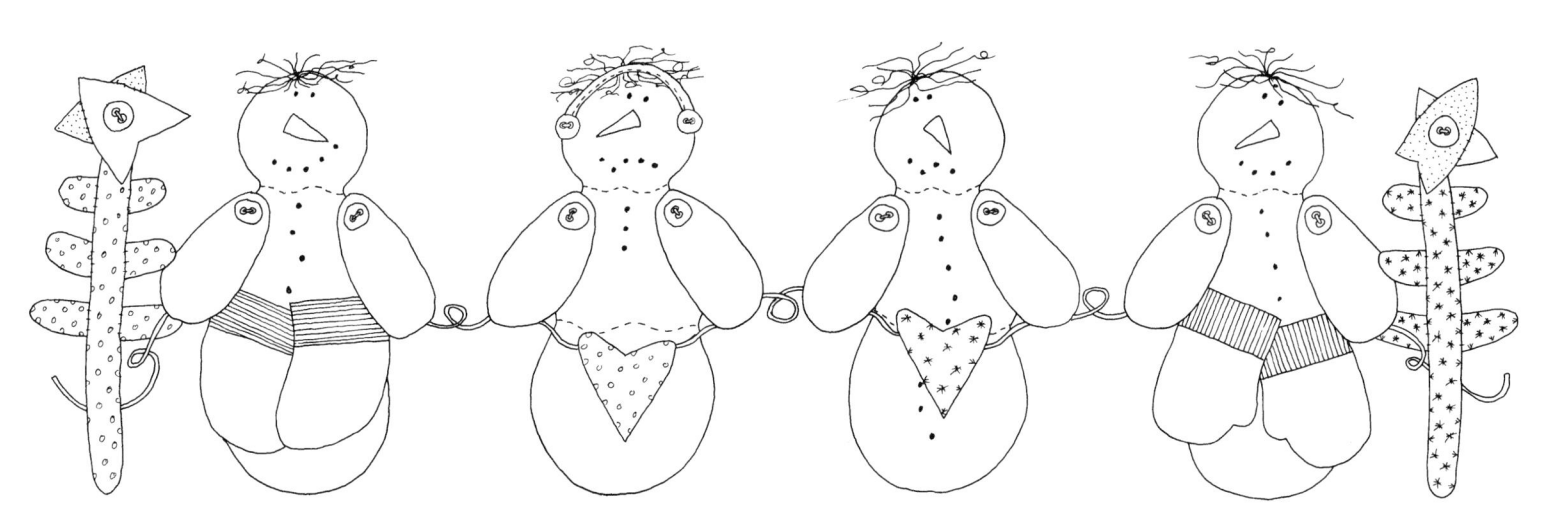

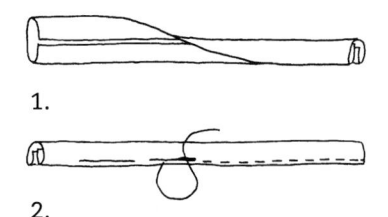

Ramme med knager

- Klip af ca. 10 mm tykke grene fire 31 cm lange og to 47 cm lange stykker.
- Bestem, hvor mange knager der skal være, og sæt mærker på tre af de korte pinde – husk også et mærke midt for til ophæng i den ene pind.
- Bor huller i markeringerne med et 3 mm bor. Hullet til ophænget skal være lodret, mens de andre skal være vandrette.
- Klip 3 cm lange knager af en ca. 4 mm tyk gren.
- Spids knagerne til i den ene ende.
- Dyp spidserne i lim og bank dem forsigtigt ind i hullerne.
- Beregn tværpindenes placeringer og marker dem på de lodrette pinde.
- Slå søm ind fra siderne ud for markeringerne, så spidserne lige går igennem, se tegningen
- Placer tværpindene én efter én (pinden med ophængshullet skal være øverst og pinden uden knager nederst) og slå sømmene i bund.
- Bind evt. med sejlgarn over alle samlinger som vist på billedet.
- Lav et ophæng som forklaret på side 66 og stik det gennem midterhullet.

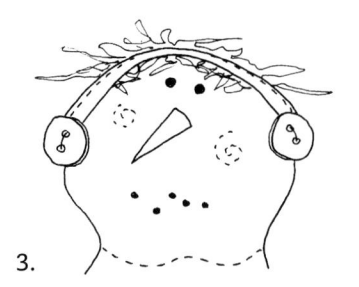

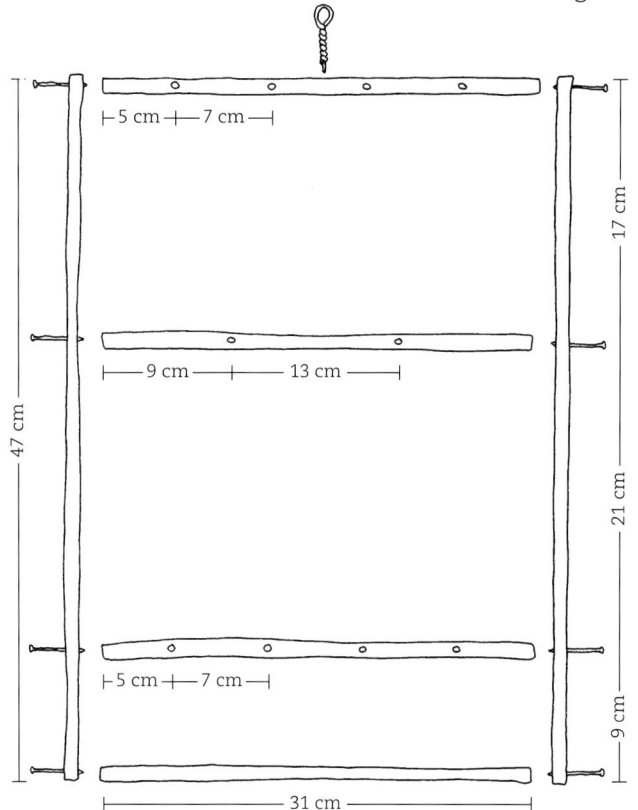

Ørevarmere

- Fold og sy en strimmel på 2 x 7 cm som vist på tegning 1 og 2.
- Læg strimlen hen over snemandens isse og skjul enderne med knapper, se tegning 3.

Træ

- Fold stoffet ret mod ret, så det korteste mål halveres.
- Sy stammen og to-tre grene efter vrangsyningsmetoden, se side 8.
- Stop grenene med fyld, placer dem i stammen, der stoppes efterhånden, og sy til med sømmesting.
- Sy evt. pyntesting på træet og sy en ministjerne eller en knap i trætoppen.
- Sy træet fast til snemandens hænder.

Snemænd s. 71. Ramme med knager s. 72.

SNEMAND luffe — vendeåbning

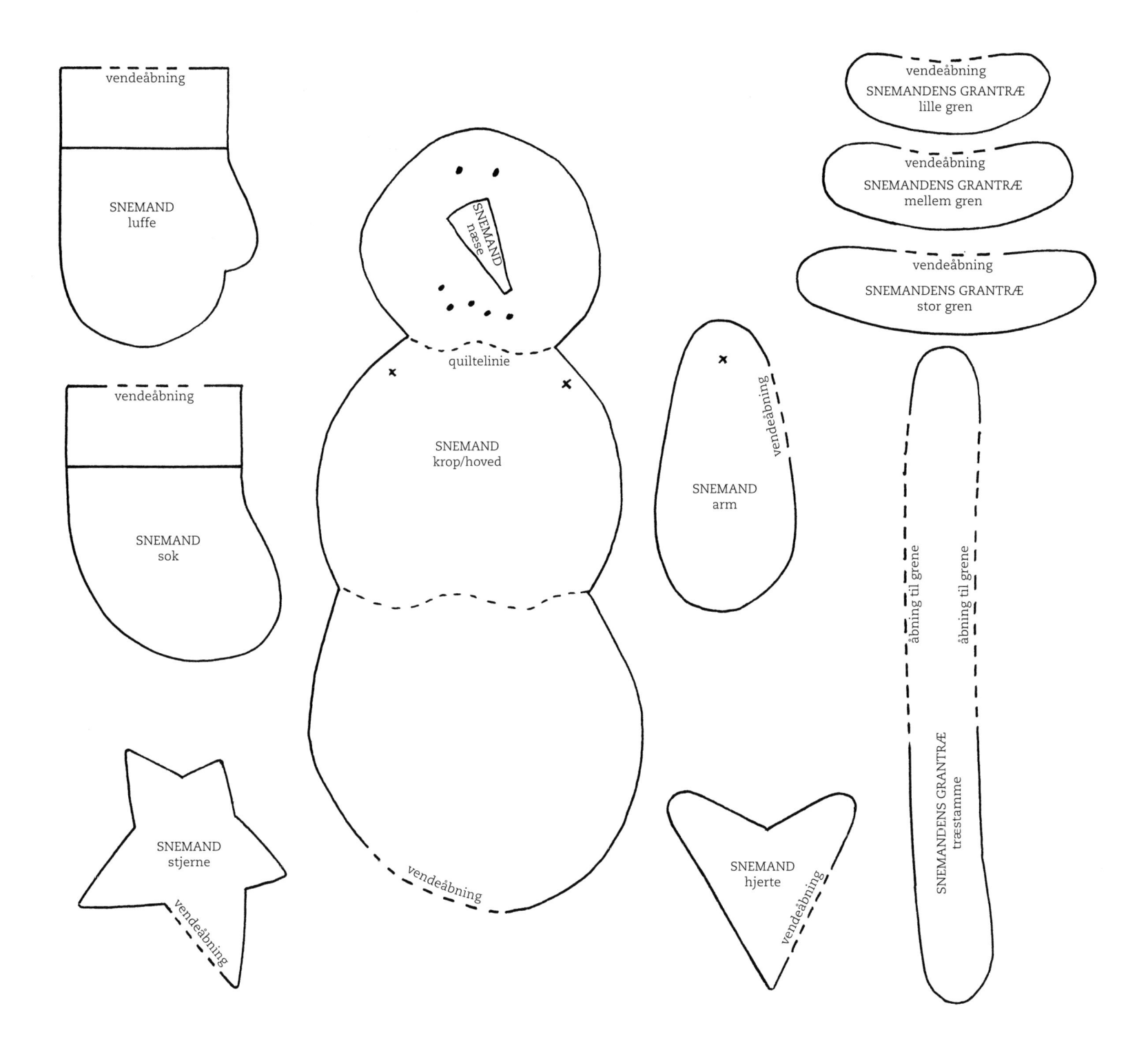

SNEMAND sok — vendeåbning

SNEMAND stjerne — vendeåbning

SNEMAND krop/hoved — quiltelinie, vendeåbning
SNEMAND næse

SNEMAND arm — vendeåbning

SNEMAND hjerte — vendeåbning

SNEMANDENS GRANTRÆ lille gren — vendeåbning
SNEMANDENS GRANTRÆ mellem gren — vendeåbning
SNEMANDENS GRANTRÆ stor gren — vendeåbning
SNEMANDENS GRANTRÆ træstamme — åbning til grene

Juleluffer 77

Lufferne kan pyntes med applikationer som vist på billedet side 77, og hvis lufferne skal virke lidt »vamsede«, kan der stryges volumenvlies på foret, inden vanterne sys sammen. Mønsteret, der findes på side 78, er inkl. sømrum.

Stofforbrug

yderluffe	28 x 40 cm
foerluffe	28 x 40 cm
evt. volumenvlies	28 x 40 cm
kant	12 x 27,5 cm
strop	5,5 x 20 cm

- Stryg evt. volumenvlies på forets vrangside.
- Læg stoffet dobbelt og klip en yder- og en foerluffe.
- Appliker et motiv på retsiden af yderluffens forside som forklaret på næste side.
- Sy henholdsvis yder- og foerluffen sammen ret mod ret med en trykfods sømrum – husk vendeåbning i foerluffen. Bruges der volumenvlies til foerluffen, sys der med 10 mm sømrum.
- Klip sømrummet ind til 3 mm og 5 mm ud for vendeåbningen og klip hak ved tommelfingeren, se tegning 5.

- Fold og sy kantstoffet sammen ret mod ret, så det længste mål halveres, se tegning 1.
- Fold kanten vrang mod vrang som vist på tegning 2.
- Fold og sy en strop som vist på tegning 3.
- Vend retsiden på yderluffen ud og placer kanten og stroppen som vist på tegning 4.
- Træk foerluffen på med vrangsiden ud og sy håndledskanten med en trykfods sømrum, se tegning 5.
- Vend retsiden ud gennem foerluffens vendeåbning og sy åbningen til.
- Stop foerluffen ind i yderluffen og buk kanten ned.

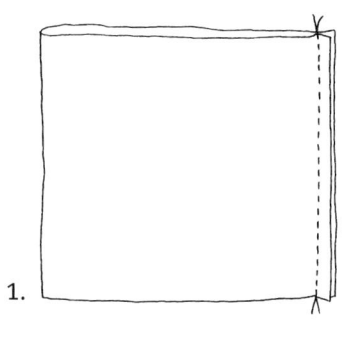

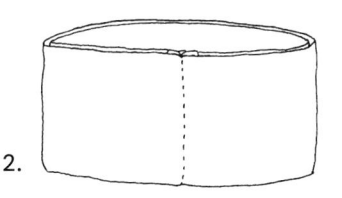

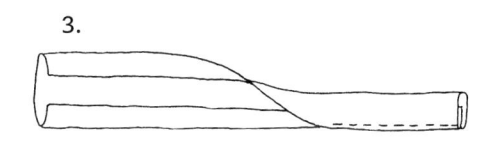

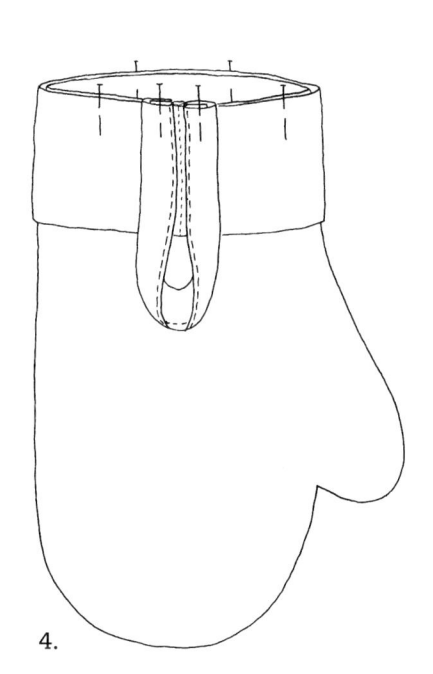

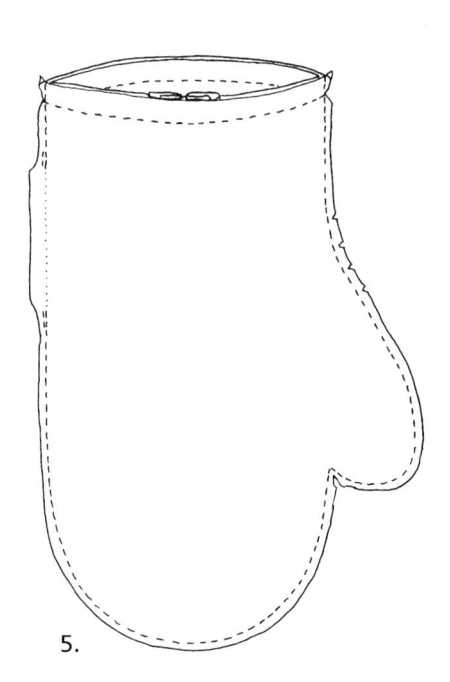

1.

2.

3.

4.

5.

Pynt på juleluffer

På billedet er der vist nogle forslag til motiver, men der er også andre muligheder: Se side 22 (fuglehus), side 58-60 (hjerte/stjerne) og side 74 (snemand/træ). Forbered delene som forklaret på side 11 ved applikation. Applikationerne gøres fyldige ved at stoppe lidt fiberfyld ind undervejs.

- Hjerterne og stjernerne pyntes med sting og knapper.
- Snemanden kan klippes i bomuldspladevat uden sømrum. Minihjerterne sys efter vrangsyningsmetoden (se side 8) og sys løst fast med en tyk tråd.
- Juletræet sys også efter vrangsyningsmetoden og quiltes eller applikeres på. Stjernen sys fast med en lille knap over. Den lille pakke klippes af et stykke stof på 5 x 5 cm – den lodrette pakkesnor er ca. 15 cm lang, ligger bag om pakken og bindes med sløjfe på forsiden.

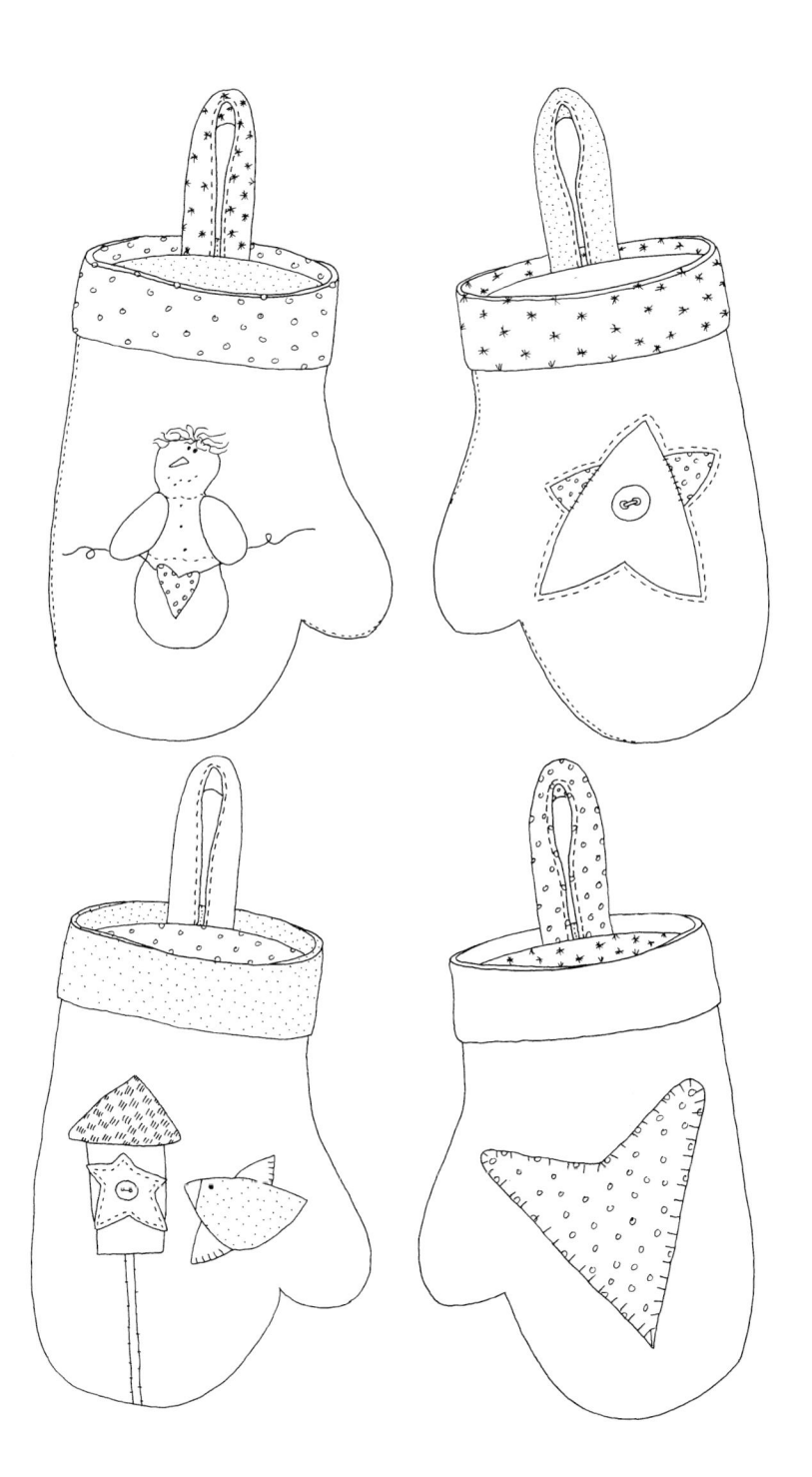

Juleluffer s. 75.

tilsætningslinie

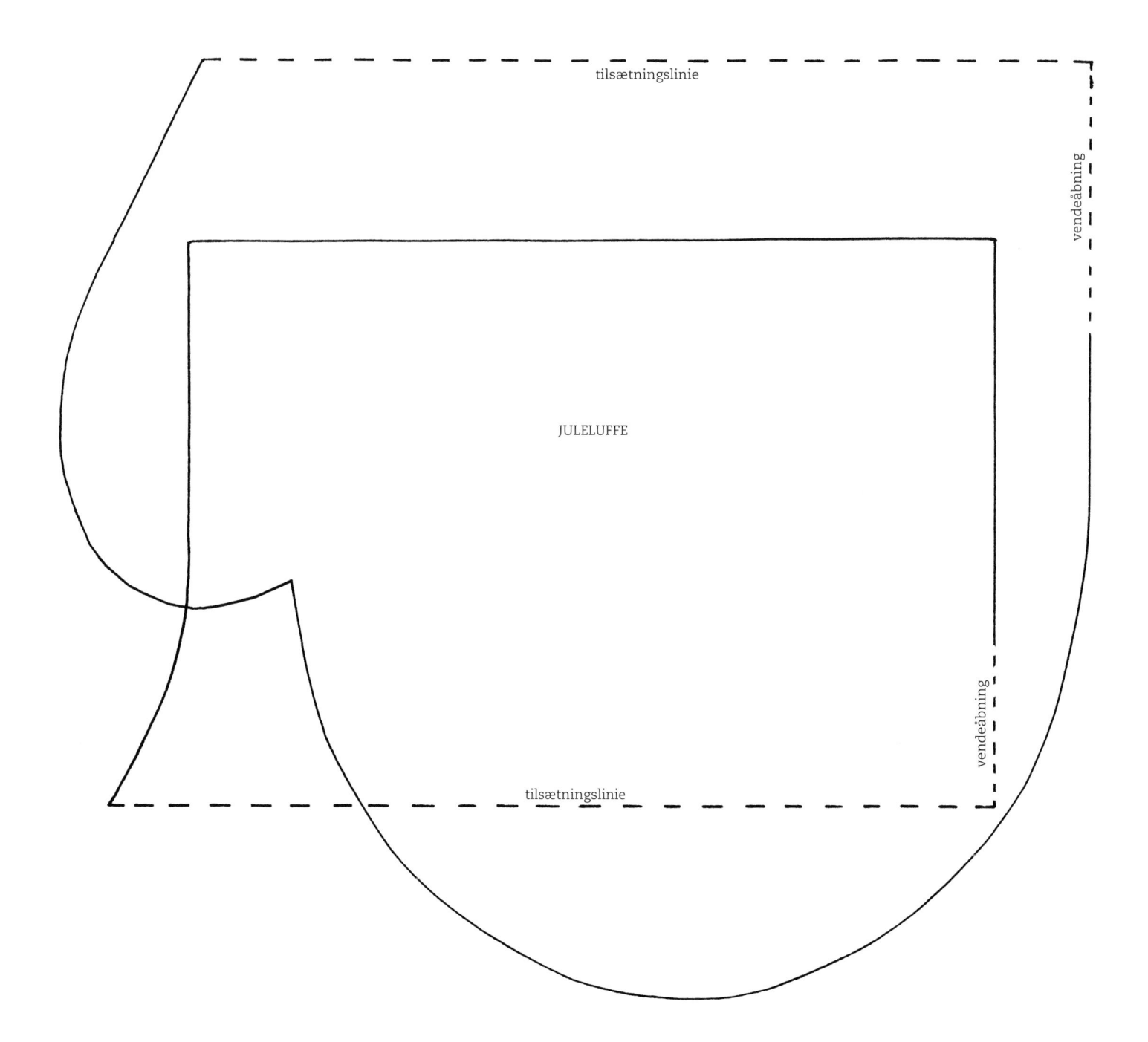

vendeåbning

JULELUFFE

vendeåbning

tilsætningslinie

Juletræer 81 83 85 91

Her er der håb for alle, der ikke har plads til et stort juletræ! Træerne kan laves i alle størrelser, og de mål, der angives i forklaringerne, svarer til de viste træer og er derfor kun vejledende.

Fælles for træerne er, at de samles omkring en stamme, hvori der er boret huller igennem fra samme »side«. I disse huller stikkes der tilpassede grangrene, -kviste eller pinde.

- Bor hullerne med et bor, der ikke er tykkere end en tredjedel af stammen. Hvis stammen f.eks. måler 20-25 mm, må boret ikke være tykkere end 7 mm.
- Træerne kan stå i en juletræsfod (se side 84), eller de kan plantes i en krukke, se side 7 – her skal stammen så være pottens højde længere.
- Sy topstjernen som forklaret på side 56 eller klip én i bly, se side 7. På næste side er der forklaret, hvordan stjerneholderen laves.

Grantræer i tre størrelser

Det lille træ måler 30 cm i højden og er ca. 10 mm tykt. Det mellemste har en højde på 65 cm og en tykkelse på ca. 20 mm. Det store træ er 95 cm højt og 20-25 mm tykt. Brug en mini, en mellemstor eller en stor stjerne i toppen, se skabelonerne på side 59 og 60.

- Bor fire huller i det lille træs stamme med 4 cm mellemrum mellem hvert hul – begynd ca. 3 cm fra toppen. I det mellemste træs stamme bores der tre huller med 15 cm mellemrum mellem hvert hul – begynd ca. 4 cm fra toppen. I det store træs stamme bores der tre huller med 22 cm mellemrum mellem hvert hul – her begyndes der ca. 11 cm fra toppen.
- Klip to grangrene til hvert hul. De øverste grene skal være de korteste og de nederste de længste.
- Fjern nålene på de yderste 20-25 mm og snit enderne skrå som vist på tegning 1.
- Stik grenene i hullerne som vist på tegning 1.

Pindetræ

Træet, der er 70 cm højt og ca. 20 mm tykt, adskiller sig fra grantræerne ved sin asymmetri og sine nøgne grene. I toppen bruges en lille eller en mellemstor stjerne, se skabelonerne side 59 og 60.

- Bor fem huller med 9,5 cm mellemrum mellem hvert hul – begynd ca. 4 cm fra toppen.
- Klip fem grene på henholdsvis 16, 17,5, 19, 20,5 og 22 cm, og spids den ene ende på alle grene.
- Stik en gren i hvert hul, så træet får to grene på den ene side og tre på den anden – begynd med den korteste øverst og den længste nederst, se tegning 2.
- Pindetræet passer til en stor juletræsfod, se side 84.

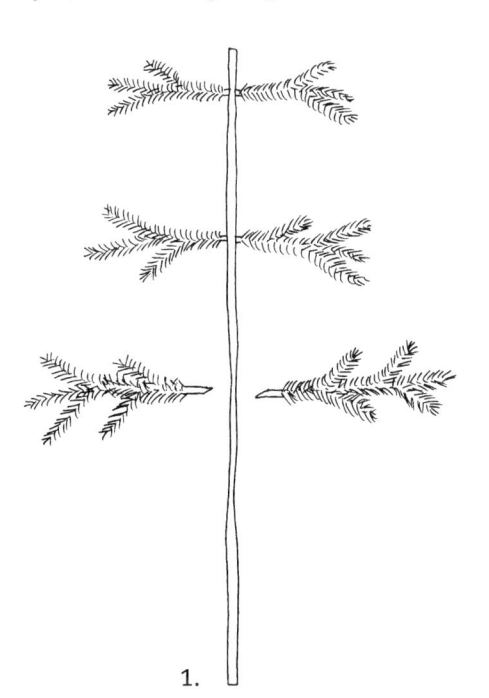

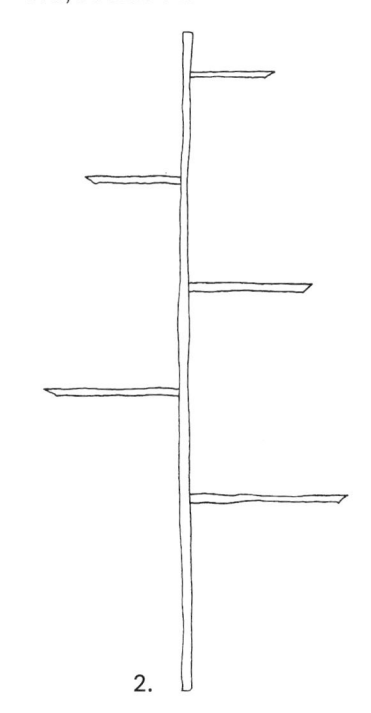

1.

2.

Lysholdere

Lysholdere til almindelige juletræslys og større lys kan formes af 1,5 mm ståltråd. Nederst limes blyhjerter eller -stjerner for at give balance.

- Klip 45 cm tråd af til juletræslys og 60 cm til 2 cm tykke lys.
- Drej trådens ene ende fire-fem gange omkring en rundstok og træk rundstokken ud.
- Bøj tråden ind under fjederen (se tegning 1a) og bøj derefter tråden ned som vist på tegning 2a. Sørg for, at tråden ikke kommer uden for fjederens »omrids«.
- Bøj tråden op 2-4 cm nede som vist på tegning 2a.
- Bøj igen ned, så klemmen ligger midt under fjederen.
- Klip tråden af i den ønskede længde.
- Klip to hjerter eller to stjerner i bly (se side 7), enten i to forskellige størrelser eller i samme størrelse, se tegning 3a og 4a og skabelonerne på side 58 og 59.
- Lim blyfigurerne sammen med universallim med trådenden imellem.

Stjerneholder

Stjerneholderen, der skal holde juletræets topstjerne på plads, drejes af en 1,5 mm tyk og 40-60 cm ståltråd.

- Drej trådens ene ende fire-fem gange omkring træets top og træk »fjederen« af.
- Bøj tråden ind over fjederen og derefter lige op.
- Drej tråden tæt tre gange omkring en 10-20 mm tyk rundstok, klip overskydende tråd af og stram trådenden lidt ind mod midten af klemmen, se tegning 1b.
- Pres stjernen på plads imellem to drejninger, se tegning 2b.

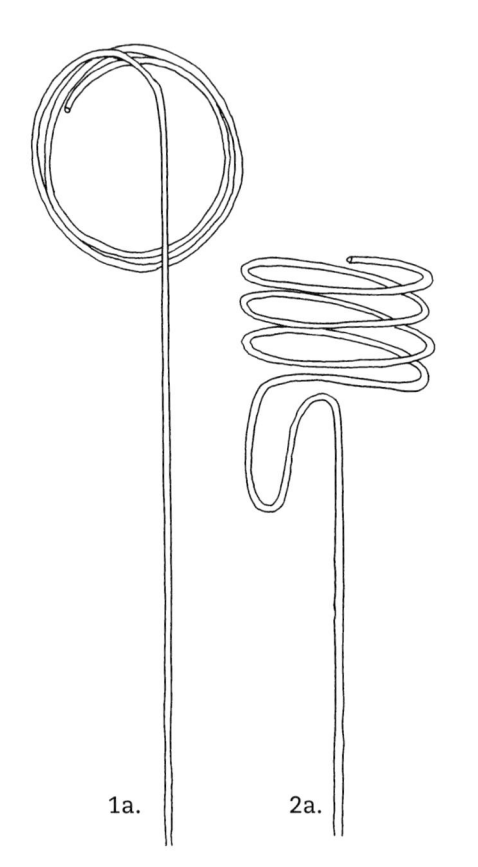

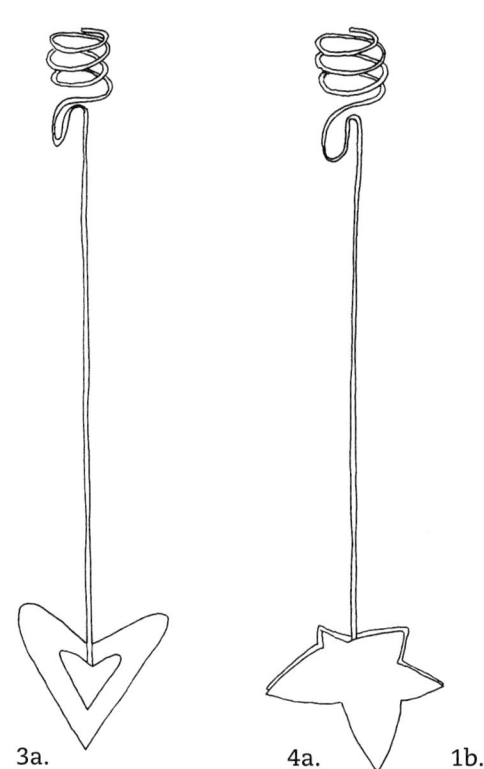

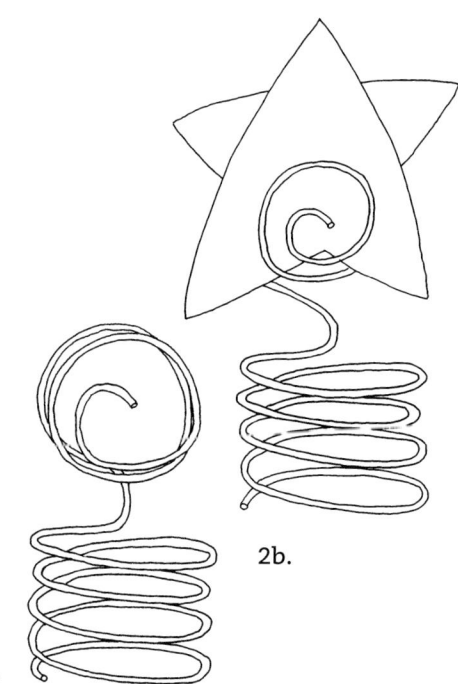

1a.   2a.   3a.   4a.   1b.   2b.

Snemænd s. 71. Pindetræ s. 79.

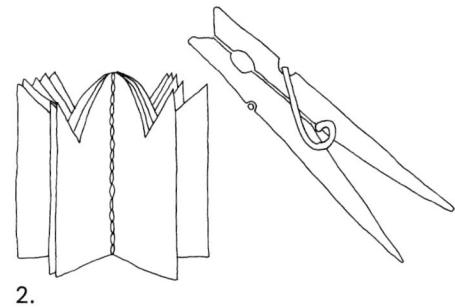

Julepynt i papir

Papirpynten passer bedst til bogens modeller, hvis den klippes i beskedne materialer som brugte kuverter og gulnede bogsider og i andre ikke for tykke papirer.

Når ophænget er syet i, kan der evt. afsluttes med et pift glimmerspray.

Materialer
8-10 lag papir
perler, hør- eller perlegarn
evt. et købt ophængningsøje
   (se tegning 4)
eller evt. metaltråd og perler til et
   hjemmelavet øje
klar lim

- Læg papirlagene oven på hinanden.
- Tegn efter skabelonerne (se side 84) på det øverste ark papir, se tegning 1 – husk også sylinierne.
- Sy med stinglængde 3,5-4 i sylinierne igennem alle lag papir.
- Hæft ende ved at sy lidt tilbage, se tegning 1.
- Klip ud i den tegnede streg uden at klippe i syningen.
- Blad fire-fem »sider« hen på begge sider af syningen og sæt en klemme på, se tegningerne.
- Sy et ophæng med perler i figuren: Tegning 3 viser, hvordan trådløkker danner øje, og på tegning 4 ses, hvordan der sys omkring benene på et købt ophæng, og tegning 5 viser et »hjemme«-snoet øje af metaltråd.
- Sy evt. perler i forneden.
- Forstærk sytråden foroven og forneden med lidt klar lim og fjern klemmen, når limen er tør.
- Blad figurerne igennem og fordel bladene.
- Træk tråd eller bånd igennem øjerne, så figurerne kan hænge.

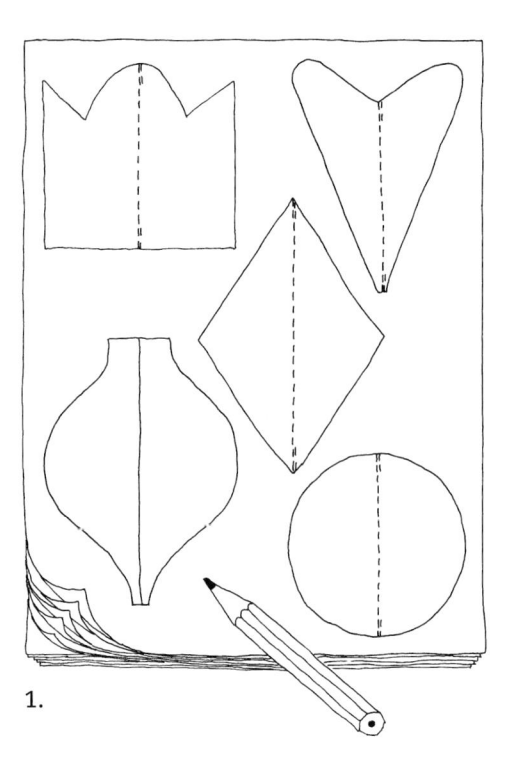

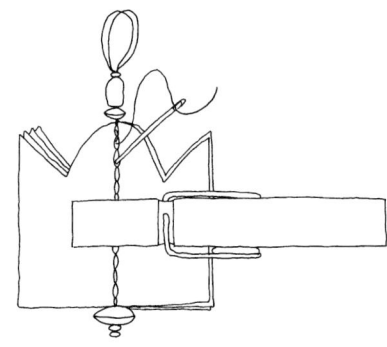

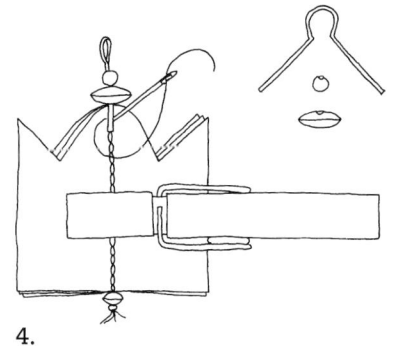

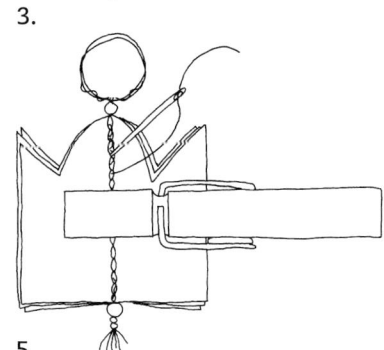

Grantræ s. 79. Julepynt i papir s. 82.

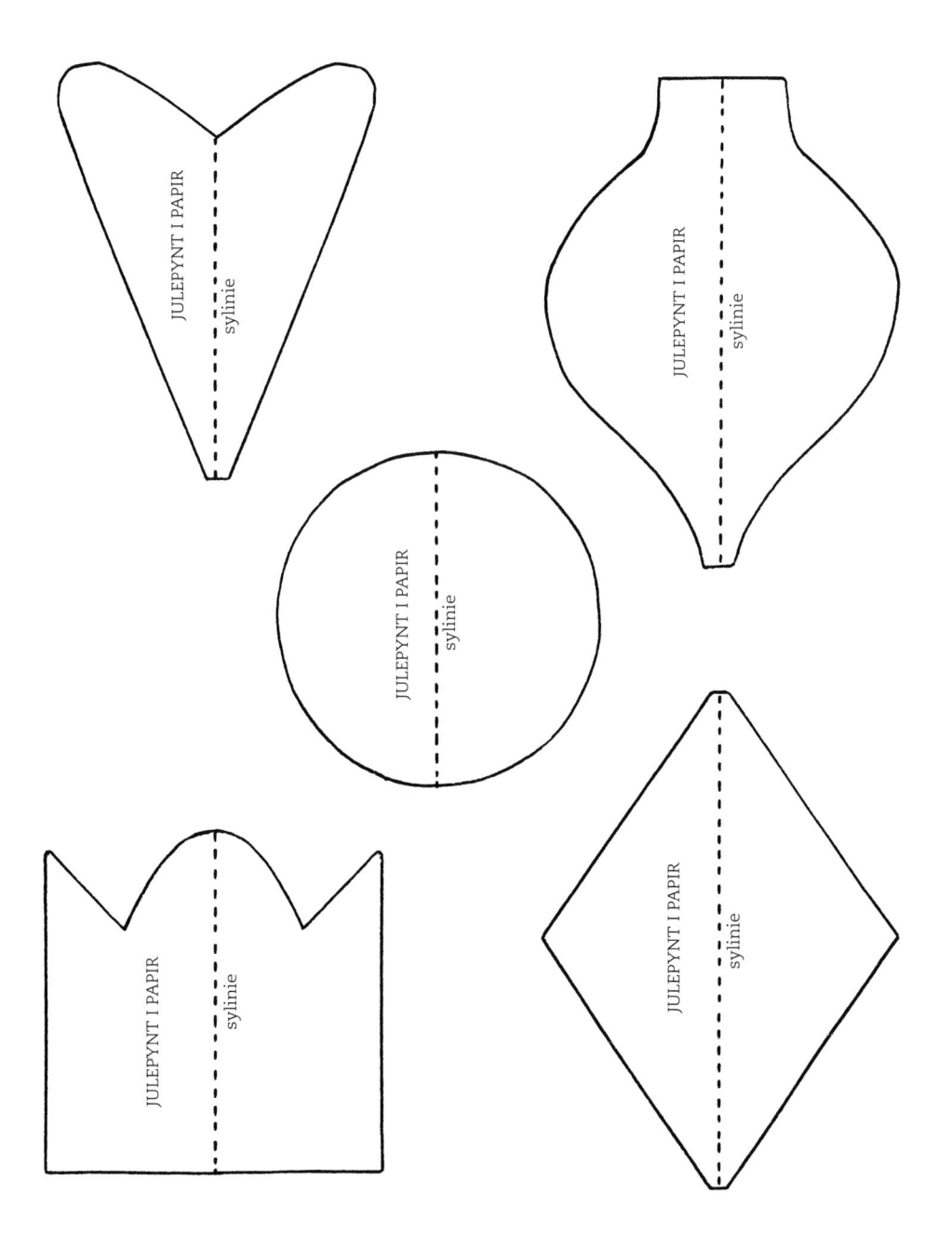

Juletræsfod

Juletræsfoden til det store træ (se side 79) kræver et 45-65 mm bredt bræt på en halv meters længde, trælim, 8 søm samt evt. maling. Desuden er det en fordel med en hjælper, når hullet skal bores.

Foden til det lille træ er noget mindre. Her skal »brættet« være 25 mm bredt og 20 cm langt.

- Sav til den store fod to længder på hver 21 cm og to fødder på 35 mm – til den lille fod saves to længder på hver 8 cm og to fødder på 15 mm.
- Lim fødderne på det ene lange stykke og hold fast med søm som vist på tegning 1.
- Lim og læg det sidste stykke ovenpå, så der dannes et kryds.
- Søm det fast som vist på tegning 2.
- Find et bor med en tykkelse svarende til træets stamme. Få en hjælper til at holde foden og bor fra oversiden af foden igennem begge brædder.
- Slib og mal evt. foden.

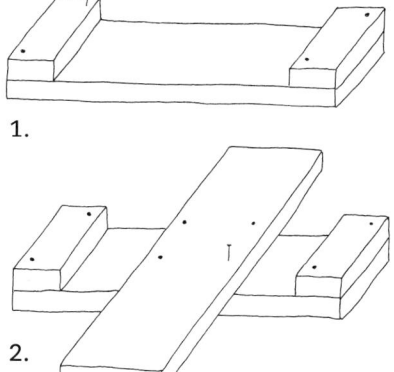

Stjerner som duftbrikker, s. 47 og 56. Engle s. 61 og 68. Grantræ s. 79.

Nisser 87 91 95

Nisserne, der kan sys i to størrelser, er helt ens. De måler henholdsvis 14,5 cm og 19 cm fra isse til fod.

Mønstrene findes på side 93.

Stofforbrug og materialer

	lille	stor
ansigt og hænder	4 x 18 cm	4,5 x 22 cm
krop og arme	6,5 x 18 cm	8,5 x 22 cm
ben	10 x 10 cm	12 x 12 cm
fiberfyld		
knapper		

- Sy ansigts- og kropsstrimlen sammen ret mod ret, se tegning 1.
- Åbn stoffet, pres sømrummet ned over kropsstrimlen, fold stoffet ret mod ret som vist på tegning 2 og tegn ansigt, krop og to arme.
- Fold benstoffet sammen ret mod ret og tegn benene som vist på tegning 3.
- Sy som forklaret ved vrangsyningsmetoden på side 8. Kroppens og benenes vendeåbninger klippes ud i den tegnede streg.
- Rids og fold et 7-8 mm bredt sømrum om til vrangen nederst på kroppen, inden den vendes, se tegning 4 og 5.
- Stop alle delene meget fast.
- Placer benene i kroppen og sy dem til med sømmesting.
- Sy armenes vendeåbninger og sy dem fast til kroppen med sømmesting eller med knapper over, se tegning 6.
- Sy ansigt og hår som forklaret på side 10.

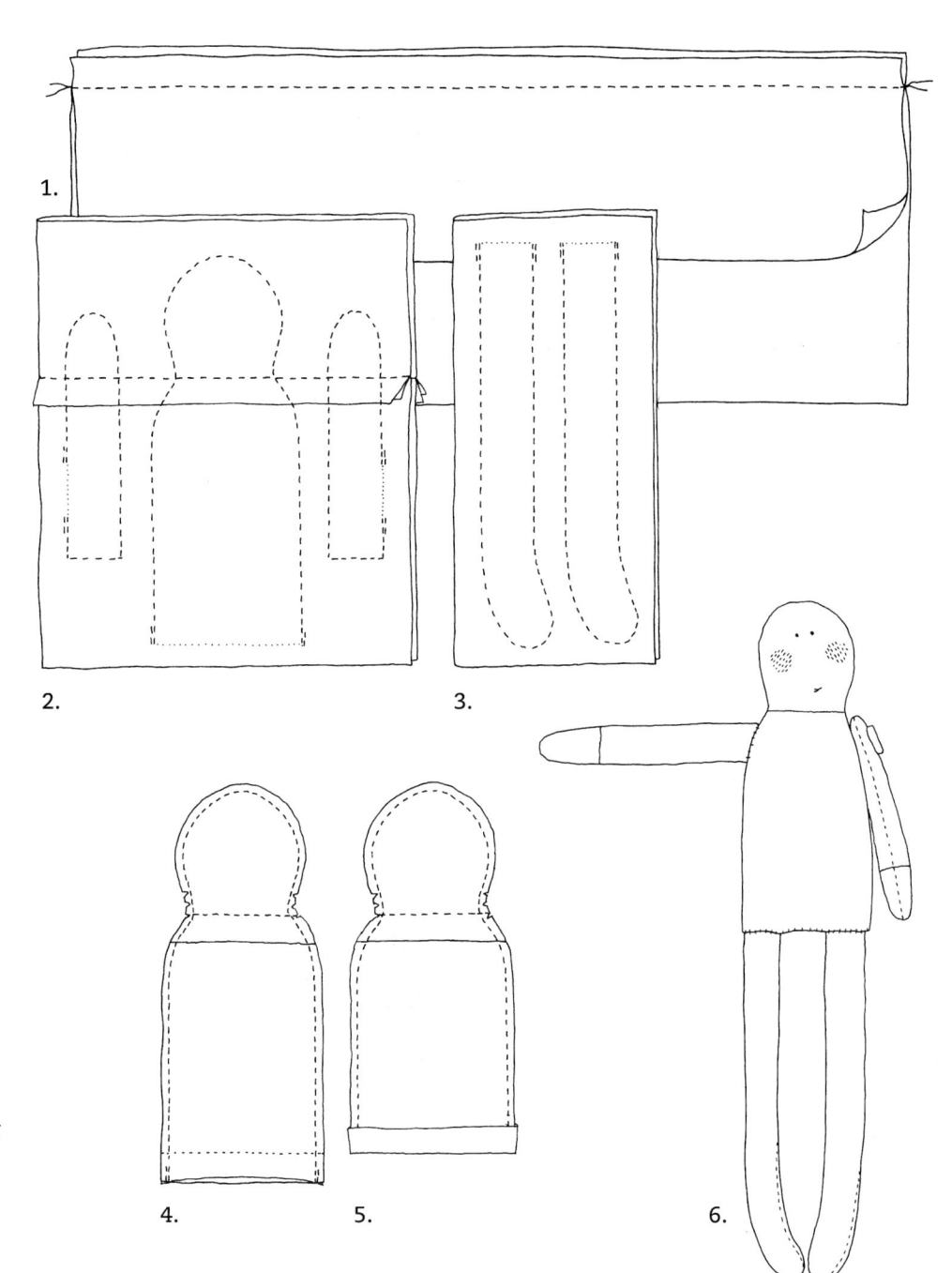

Lille uro med hjerter s. 62. Nisser s. 86.

Hue

Stofforbrug
lille   stor
7,5 x 7,5 cm   10 x 10 cm

- Fold stoffet ret mod ret.
- Tegn, sy og klip huen ud, se tegning 1 og 2.
- Rids og fold et 7-8 mm bredt sømrum om til vrangen, inden huen vendes, se tegning 2 og 3.
- Sy huen fast til hovedet, så frisuren stikker ud, se tegning 4 og 5.
- Sy evt. knæk på huen med et sting fra x-afmærkning til x-afmærkning som vist på nissedrengen, træk stinget sammen og hæft tråden. Så kommer huen til at sidde som nissepigens hue.

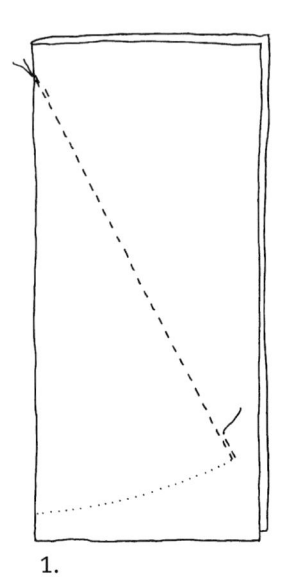

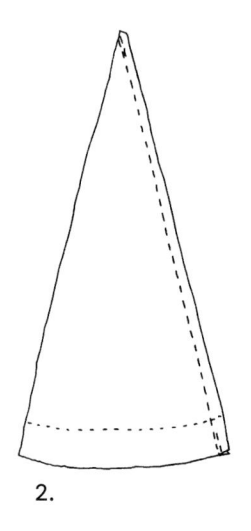

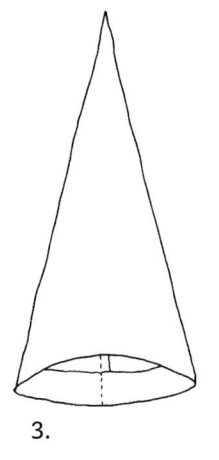

1.   2.   3.   4.   5.

Seler

Stofforbrug
lille   stor
2 x 15 cm   2 x 22 cm

- Fold og pres selestrimlen som vist på tegning 1a.
- Del strimlen i to lige lange seler og sy sammen med forsting, se tegning 2a.

Smæk

Stofforbrug og materialer
lille   stor
3,5 x 5 cm   4,5 x 10 cm

- Fold stoffet ret mod ret, så det længste mål halveres.
- Sy smækkens sidesømme og klip sømrummet til, se tegning 1b og 2b. Tegningerne viser de to forskellige størrelser.
- Vend retten ud og sy forsting 2-3 mm fra kanten som vist på tegning 3b og 4b.
- Sy selerne fast til smækken, evt. med knapper over, se tegning 5b og 6b.

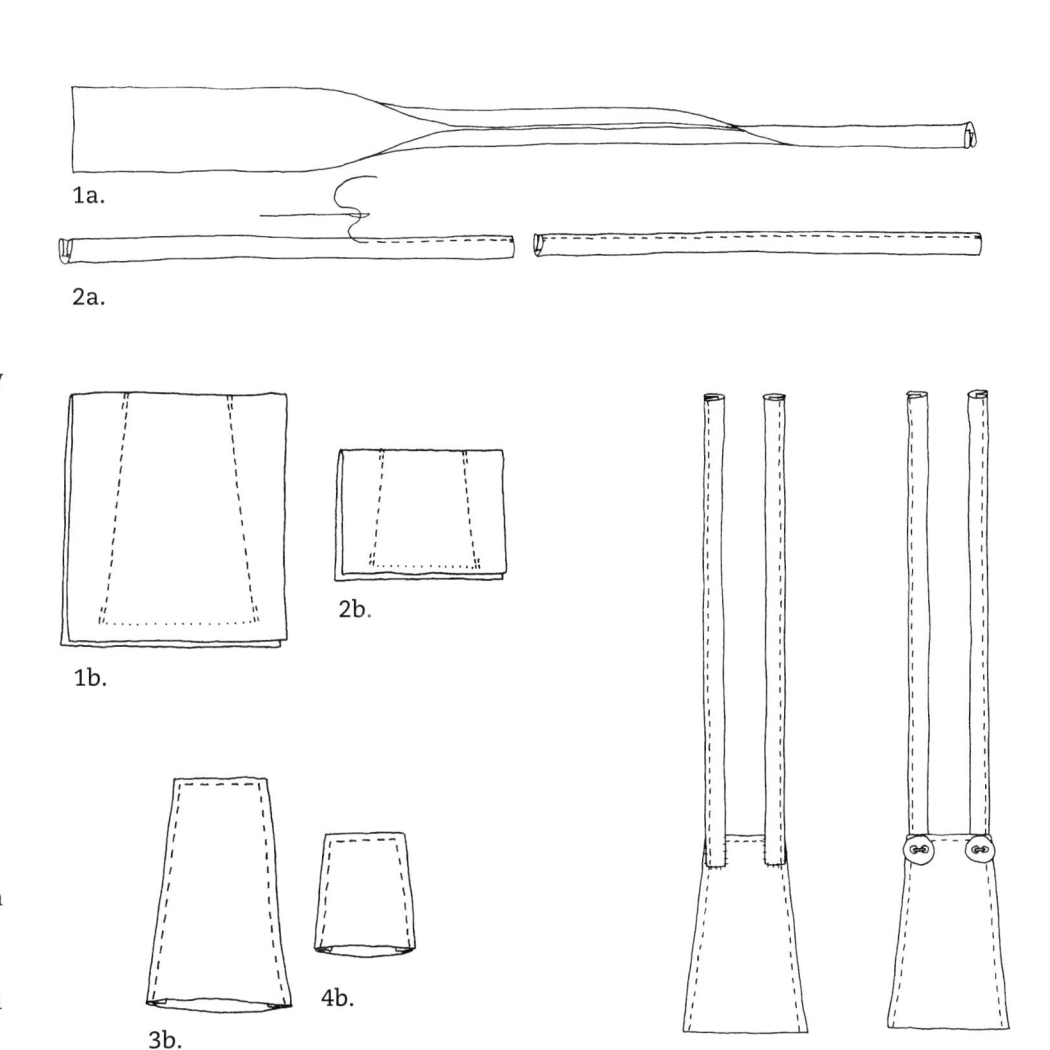

Kjole
Stofforbrug

	lille	stor
kort kjole	7 x 14 cm	9 x 15 cm
lang kjole	8 x 16 cm	11 x 18 cm

- Rids og pres 10 mm til vrangen langs stykkets øverste lange kant, se tegning 1.
- Rids og pres to 2-3 mm smalle ombuk langs stykkets nederste kant, se også tegning 1.
- Sy det nederste ombuk med forsting.
- Åbn ombukket foroven, fold stoffet ret mod ret og sy sammen med en trykfods sømrum, se tegning 2. Denne søm kommer til at danne midt bag.
- Pres sømrummet fra hinanden, vend retsiden ud og fold igen ombukket foroven om til vrangen.
- Placer sømmen midt bag og marker midt for med en knappenål.
- Sy selerne fast 5-10 mm fra knappenålen, evt. med knapper over som vist på tegning 3, eller sy en smæk med seler fast til linningen, se tegning 4.
- Sy regelmæssige forsting ca. 3 mm fra linningskanten – begynd på vrangen og lad trådenderne hænge, se tegning 5.
- Giv nissen kjolen på, kryds evt. selerne, find længden og sy selerne fast til linningen 5-10 mm fra midt bag, se tegning 6.
- Træk i trådenderne, fordel rynkerne og bind en knude.
- Klip trådenderne til og træk dem om til vrangen.

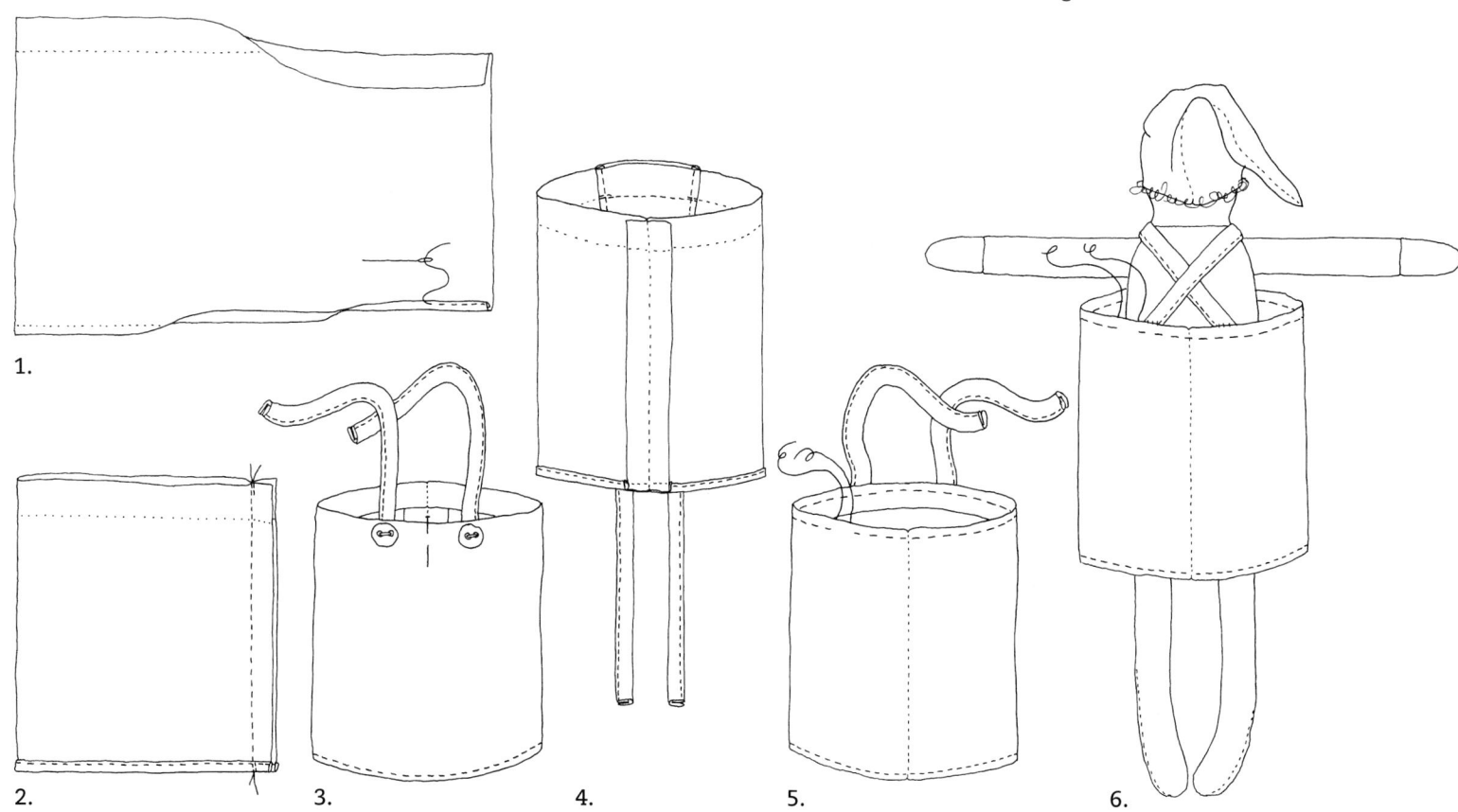

1.

2.   3.   4.   5.   6.

Grantræ s. 79. Nisser s. 86.

Bukser

Stofforbrug

lille	stor
8 x 10,5 cm	10 x 14,5 cm

- Følg forklaringen til de første syv punkter ved kjolen.
- Læg midt for over midt bag og tegn buksernes indvendige bensøm efter buksemønsteret på næste side, se tegning 1 og 2.
- Sy og klip derefter sømrummet ind til 3 mm og klip et lille hak op i skridtet, se tegning 3.
- Vend buksernes retside ud og giv nisserne bukserne på.
- Fold to små læg bag på bukserne og sy dem fast med et par sting.
- Bestem selernes længde og sy dem fast som forklaret ved kjolen.

Som en variation kan der foldes små læg både foran og bag på bukserne (se tegning 4) ved at lægge trekantmarkering over trekantmarkering (se mønsterdelen på næste side) og sy læggene fast med et par sting.

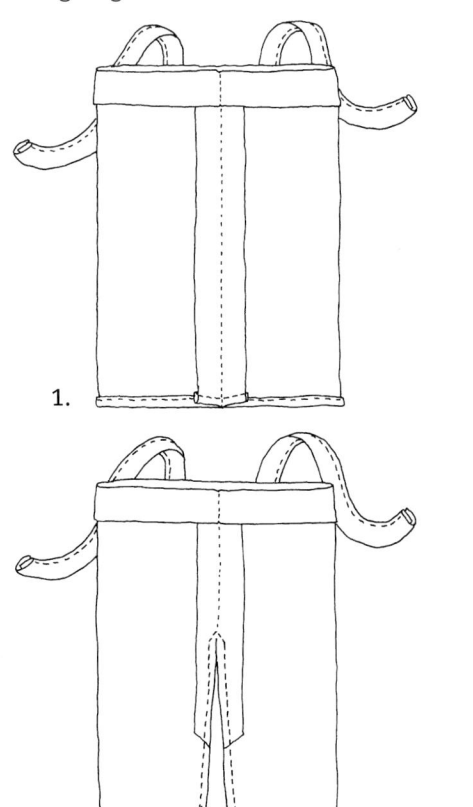

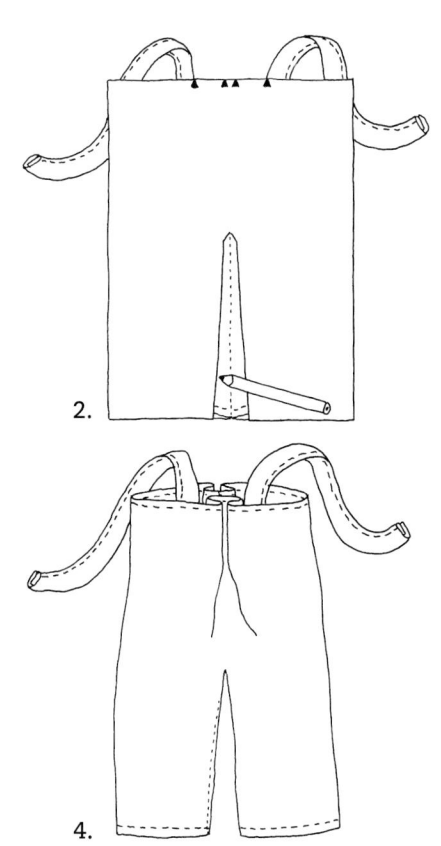

1.

2.

3.

4.

STOR NISSE ben

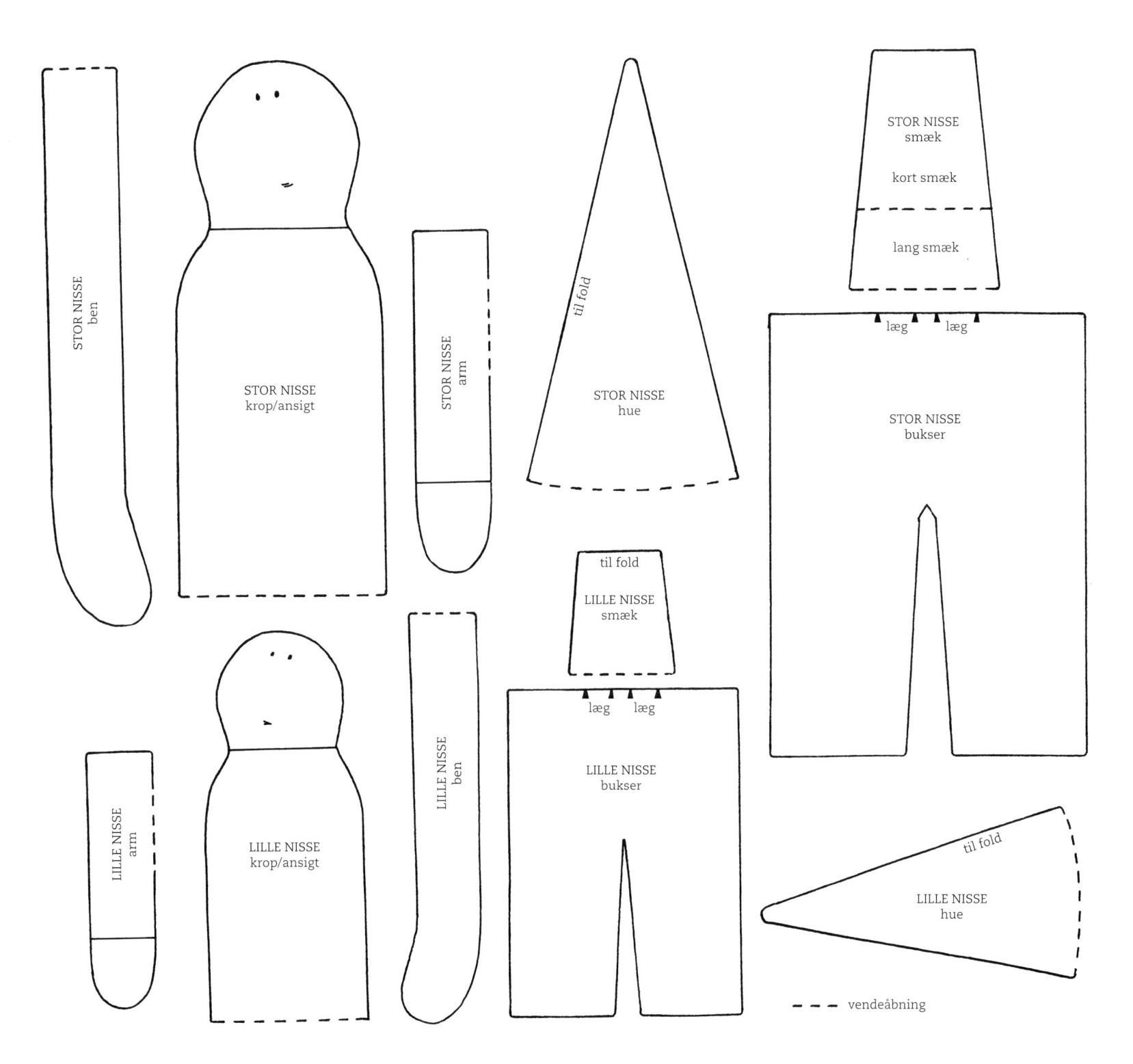

STOR NISSE krop/ansigt

STOR NISSE arm

STOR NISSE hue — til fold

STOR NISSE smæk
kort smæk
lang smæk

STOR NISSE bukser — læg   læg

LILLE NISSE arm

LILLE NISSE krop/ansigt

LILLE NISSE ben

LILLE NISSE smæk — til fold

LILLE NISSE bukser — læg   læg

LILLE NISSE hue — til fold

- - - vendeåbning

93

Ramme med juletræ til nisser

- Klip af ca. 20 mm tykke grene to 42 cm lange og to 17 cm lange stykker. Til midterstammen klippes et stykke på 36-37 cm af en ca. 15 mm tyk gren.
- Bor fire huller med et 5 mm bor gennem midterstammen med 5 cm mellemrum mellem hvert hul – begynd ca. 3 cm fra toppen.
- Saml rammen med midterstammen imellem ved at slå søm ind fra siderne, så spidserne lige går igennem, se tegningen.
- Placer pindene og slå sømmene i bund.
- Klip to grangrene til hvert af stammens huller. De øverste grene skal være de korteste og de nederste de længste.
- Fjern nålene på de yderste 20-25 mm og spids enderne til.
- Stik grenene i hullerne som vist på billedet.
- Sy en nissefamilie bestående af to store og en lille nisse og sy dem fast til rammen som vist på billedet.
- Sæt til sidst ophæng i toppen og pynt evt. med en stjerne som vist.

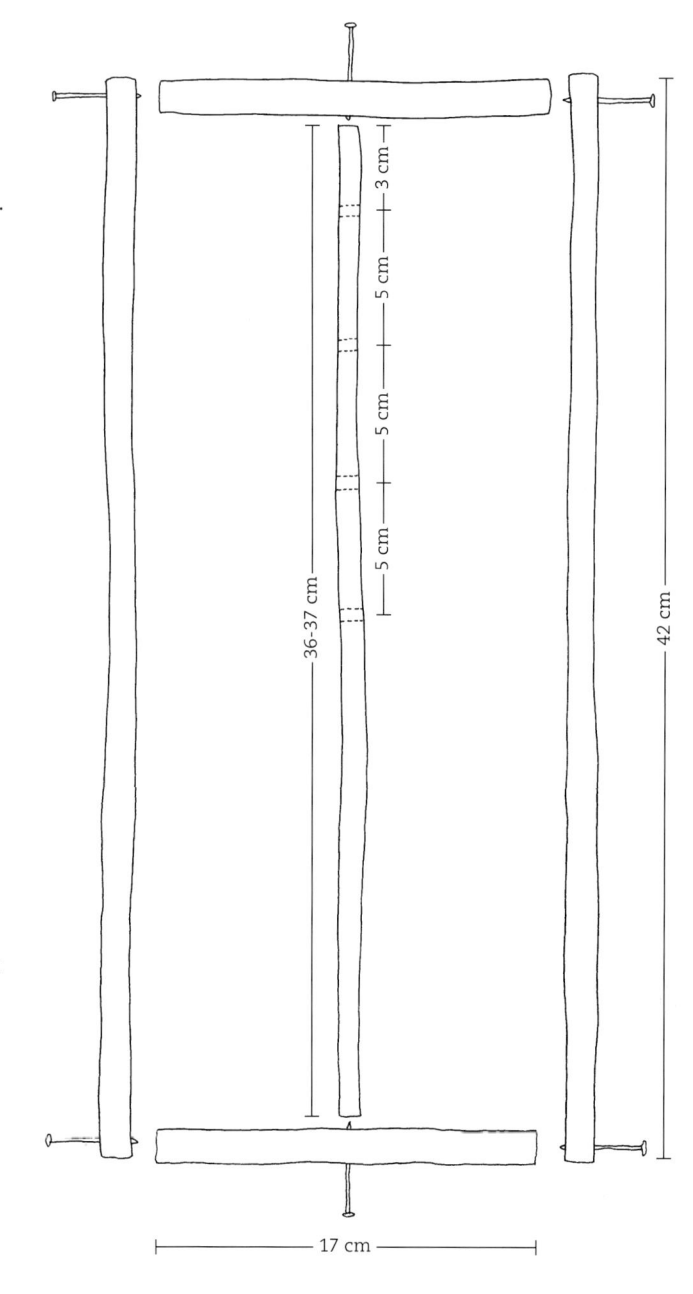

Nisser s. 86. Ramme med juletræ til nisser s. 94.

Adresser

Mange af de materialer, der er brugt i bogen, kan fås hos nedenstående butikker. Som nævnt først i bogen er alle bogens billeder taget hos Skavank i Århus, se adressen i forordet.

Barnpatch Country
Quilt Shop
Wendy Nielsen
Ørnsbjergvej 19
7250 Hejnsvig
Tlf. 7533 5766

Bernina
Symaskiner A/S
Kochsgade 31
5100 Odense C
Tlf. 6611 1024

Biksen
Klostervej 3
8500 Grenå
Tlf. 8632 1751

Busk Hobby
Storegade 12
7700 Thisted
Tlf. 9792 6044

Bøgelund Patchwork
Bente Sørensen
Bøgelundgyden 15
Bøgelund
5500 Middelfart
Tlf. 6440 2221

Cotton House
Stine Vilhelmsen
Teglgårdsvej 22
8700 Horsens
Tlf. 7560 1488

Country House
Mona Hansen
Hovedgaden 80
4420 Regstrup
Tlf. 5947 1644

Den Gule Butik
Adelgade 6
6000 Kolding
Tlf. 7552 9522

Design Værkstedet
Vibeke Wedfeldt
Boulevarden 9
9000 Aalborg
Tlf. 9812 0713

Elda
Korsørvej 31
4200 Slagelse
Tlf. 5853 1140

En Bente Ting
Bente Gaard
Sørupvej 20
4863 Eskildstrup
Tlf. 5443 6740

Fru Udesens Kludehus
Mette Udesen
Holmevej 11, Gevninge
4000 Roskilde
Tlf. 4640 1727

Idé Boden
Ingrid Kongsberg
Bredegade 29
4200 Slagelse
Tlf. 5853 4060

Kastanja
Tove Jessen
Rudmevej 31, Herringe
5750 Ringe
Tlf. 6262 4031

Knaphullet
Marienhoffvej 19
8550 Ryomgård
Tlf. 8774 1540

Lene´s Butik
Industrivej 7, Bro
6440 Augustenborg
Tlf. 7447 2347

Lindehuset
Besservej 2
8305 Samsø
Tlf. 8659 0070

Madam Blå
Bente Birk
Bøtterupvej 5
3100 Hornbæk
Tlf. 4975 8525

Nicoline garn og stoffer
Nørrebrogade 118
København
Tlf. 3539 6900

Panduro Hobby
Stormgade 155
6715 Esbjerg N
Tlf. 7547 0500

Panduro Hobby
Højvangen 10
3480 Fredensborg
Tlf. 4848 1787

Panduro Hobby
Frederiksbergcentret
Falkoner Allé 21
2000 Frederiksberg C
Tlf. 3811 1024

Panduro Hobby
Bredgade 55
7400 Herning
Tlf. 9712 8000

Panduro Hobby
Kolding Storcenter,
Gul indgang C
6000 Kolding
Tlf. 7550 9270

Panduro Hobby
Nørre Farimagsgade 74
1364 København K
Tlf. 3315 4421

Panduro Hobby
Lyngby Storcenter
2800 Lyngby
Tlf. 4587 8911

Panduro Hobby
Næstved Stor-Center
4700 Næstved
Tlf. 5577 6060

Panduro Hobby
Rosengårdscentret,
gul gade
5220 Odense SØ
Tlf. 6593 0593

Panduro Hobby
Gl. Landevej 1
4000 Roskilde
Tlf. 4632 6264

Panduro Hobby
Rødovre Centrum 142
2610 Rødovre
Tlf. 3641 6665

Panduro Hobby
Enghavevej 9-11
7100 Vejle
Tlf. 7582 7011

Panduro Hobby
Aalborg Storcenter
Hobrovej 452
9200 Aalborg SV
Tlf. 9818 9922

Panduro Hobby
Badstuegade 5-7
8000 Århus C
Tlf. 8618 2222

Patch-partout
Karen Linneberg
Kattesund 17
8700 Horsens
Tlf. 2361 6684

Patchworkhuset
Ann E. Baird
Jernbanevej 6
2600 Glostrup
Tlf. 4342 4234

Patchwork Kælderen
Kirsten Juhl
Peter Toftsvej 1
6000 Kolding
Tlf. 7553 4891

Patchwork Gården
Stokbrogade 5
9800 Hjørring
Tlf. 9890 4436

Pedari Patchwork
Vester Kirkestræde 14
8900 Randers
Tlf. 8642 9840

Speich Design
Lene Speich
Likørstræde 5
2800 Lyngby
Tlf. 4593 3131

Sten og Stoffer
Connie Nielsen
Bakkevej 27, Vedde
4295 Stenlille
Tlf. 5780 4702

Stige Patchwork Design
Rita Kallesen
Lodsvej 47, Stige
5270 Odense N
Tlf. 6618 6820

Stjerne Stoffer
Frederikssundvej 181 B
2700 Brønshøj
Tlf. 3828 5575

Stof og Mode
Elmegade 28 A
5500 Middelfart
Tlf. 6441 5251

Stof-Huset
Ingrid Knudsen
Østerbæksvej 33
5230 Odense M
Tlf. 6612 4606

Stofkælderen
Lone Jørgensen
Torvegade 49
6700 Esbjerg
Tlf. 7513 4187

Sy & Rens
Absalonsgade 7
Sorø
Tlf. 5783 0216